Zukunftschance Network-Marketing

Mehr Geld und mehr Freiheit dank Empfehlungsmarketing.

Wie du dir mit Multi-Level-Marketing (MLM) einen Nebenerwerb in der Selbstständigkeit aufbauen kannst, ohne Fixkosten zu haben und ohne Zeit gegen Geld zu tauschen!

Inhaltsverzeichnis

Copyright

Dominik Fürtbauer
Schulstraße 2
86931 Prittriching

Webseite: www.dominik-fuertbauer.com
E-Mail: df@dominik-fuertbauer.com

Auflage 1

Autoren: Jim Menter, Dominik Fürtbauer

Vorwort & Ziel des Buches

„Zukunftschance Network-Marketing“ – ein ziemlich frecher, spannender und aufregender Titel in diesen Zeiten, in denen wir momentan leben, oder? Es ist das Jahr 2020 und uns alle sucht dieselbe Krise heim. Etwas Unvorhergesehenes ist geschehen, etwas, womit niemand gerechnet hatte: Ein mikroskopisch kleines Virus hat eine weltweite Wirtschaftskrise ausgelöst. Viele Millionen Menschen sind bereits in Kurzarbeit und das Ende der Fahnenstange ist noch nicht erreicht. Auch die berufliche Selbstständigkeit ist nicht mehr das, was sie mal war. Millionen von Einzelhandelsgeschäften – von kleineren Boutiquen bis hin zu großen Kaufhäusern – und unzählige Studios – von Kosmetiksalons bis hin zu Massageateliers – mussten ihren Betrieb einstellen. Alles, woran wir die letzten Jahrzehnte geglaubt haben, der gesamte Wirtschaftsaufschwung der vergangenen zehn Jahre scheint bedroht. Und trotz alledem erscheint nun ein Buch mit dem Titel: „Zukunftschance Network-Marketing“.

In diesem Buch soll es allerdings nicht nur darum gehen, was die Zukunft bringen wird, sondern zunächst vor allem mal darum, was in der Gegenwart wichtig ist. Welche Faktoren bestimmen aktuell unseren Alltag? Ganz oben auf der Liste steht dabei zweifelsohne der Zeitmangel. Dieser ist so präsent wie nie zuvor. Alles muss immer schneller gehen, wird immer hektischer. Eingekauft wird nicht mehr in Ruhe offline im Ladengeschäft, sondern rasch nebenbei im Onlineshop – rund um die Uhr, unabhängig von Öffnungszeiten. Niemand will mehr auf etwas warten. Die Welt dreht sich gefühlt schneller und schneller. Die Inflation schießt in die Höhe. Fakt ist: Wir alle müssen mehr arbeiten, um unseren Lebensstandard halten zu können. Bereits seit zehn Jahren ist ein Trend zum Zweitjob klar erkennbar. In vielen Familien ist es heutzutage zudem an der Tagesordnung, dass beide Elternteile arbeiten. Dadurch muss die Erziehung der Kinder letztlich Fremden überlassen werden und das Familienleben findet nur abends und am Wochenende statt. Fachkräfte, vor allem Spezialisten auf ihrem Gebiet, sind häufig gezwungen, einen zweiten Wohnsitz zu unterhalten, weil sie die ganze Woche auswärts arbeiten. Daraus resultieren Wochenendbeziehungen, die mit einer Entfremdung der Partner und der Kinder verbunden sind und eine große Unzufriedenheit mit sich bringen. Auch die Versorgung von pflegebedürftigen Familienmitgliedern ist für Berufstätige eine große Herausforderung. Denn die meist hohen Pflegekosten oder aber der zeitliche Aufwand, wenn man sich selbst um seine Angehörigen kümmert, sind oft untragbare Belastungen.

Dazu kommt, dass durch die Umstrukturierung vieler Großunternehmen selbst Führungskräfte finanziell nicht mehr abgesichert sind und über ein zweites berufliches

Standbein nachdenken. Steigende finanzielle Belastungen in vielen Bereichen führen dazu, dass viele Menschen nach Möglichkeiten für einen Nebenerwerb suchen, weil ihr Haupteinkommen nicht mehr ausreicht, um alle Ausgaben zu decken. Das wiederum verschärft den Zeitmangel zusätzlich. Network-Marketing ist für dieses Problem die optimale Lösung. Denn das daraus erwirtschaftete Zweiteinkommen sorgt für mehr finanziellen Spielraum. Und da es zudem passiv generiert wird, bleibt mehr Zeit für andere Aspekte des Lebens.

Der zweite entscheidende Aspekt, der aktuell die (Arbeits-)Welt bestimmt, ist die Digitalisierung. Wir hier in der westlichen, industrialisierten Welt sind mehr online als je zuvor. Firmen, die diesen Trend schon vor Jahren erkannt und neben dem stationären Handel ihr Onlinegeschäft aufgebaut haben, profitieren davon. Vielen Einzelhändlern hingegen, den kleinen lokalen Geschäftsleuten und Dienstleistern, wird ihre Existenz geraubt. Oder ihre Margen verringern sich so stark, dass sie sich nach alternativen Umsatzquellen umschauen müssen. Nicht jeder kleine Anbieter kann sein Geschäft jedoch einfach ins Onlinebusiness verlagern. Daher sind dringend neue Ansätze und Möglichkeiten vonnöten, um die Existenz zu sichern. Das gilt umso mehr, als sich auch das Kaufverhalten durch die coronabedingten Kontaktbeschränkungen in Zeiten der Krise stark verändert hat.

Immer mehr wird online bestellt und nach Hause geliefert. Auch hinsichtlich dieser Faktoren stellt Network-Marketing eine große Chance dar. Denn jedes Unternehmen, das über Network-Marketing Produkte oder Dienstleistungen vertreibt, übernimmt die gesamte Logistik und stellt eine Bestellplattform dafür zur Verfügung. Das heißt, als Vertriebspartner und sogenannter Affiliater besteht deine einzige Aufgabe darin, Kunden und Unternehmen miteinander in Kontakt zu bringen, um ein Zweit- oder später auch Haupteinkommen zu generieren. Alle weiteren Aufgaben übernimmt das Unternehmen.
Der dritte wichtige Faktor ist die ins Wanken geratene Sicherheit der beruflichen Selbstständigkeit. Das Geschäftsmodell vieler alteingesessener Betriebe ist längst überholt, gewohnte Denkmuster funktionieren nicht mehr. Vertriebs- und Marketingstrukturen haben sich in den letzten zehn Jahren schneller weiterentwickelt als die gesamten 100 Jahre davor. Algorithmen von sozialen Netzwerken und Online-Werbeplattformen werden teilweise täglich oder gar stündlich umgestellt. Frühere Strategien für Zeitungs-, Radio- oder Fernsehwerbung – die teilweise über Jahre hinweg wirksam waren – zeigen nicht mehr die erwünschte Wirkung oder laufen sogar ins Leere. Eine vermeintlich sichere Selbstständigkeit gibt es folglich nicht mehr. Jeder Unternehmer, jede Firma kann von heute auf morgen von der Bildfläche verschwinden, wenn bestehende Strategien nicht immer wieder überprüft und modifiziert werden.

Der wohl schwerwiegendste Punkt ist aber die vielen aus unserer Generation drohende Altersarmut. Wir sind zum Zeitpunkt der Buchveröffentlichung 24 (Jim) und 30 (Dominik) Jahre alt. Menschen aus unserer Generation wissen, dass sie sich selbst um ihre Rente und ihre finanzielle Versorgung im Alter kümmern müssen. Denn die „sichere Rente“, wie Norbert Blüm sie einst versprach, ist Geschichte. Deswegen sollten wir, die wir dieser Generation angehören, uns bereits heute Gedanken um unsere Altersvorsorge machen. Wir alle wissen, dass wir keine ausreichend hohe Rente vom Staat erwarten dürfen, um unseren derzeitigen Lebensstandard zu halten. Jeder sollte sich deshalb im Klaren darüber sein, dass er sich selbst um seine finanzielle Versorgung im Alter kümmern muss – und zwar je eher desto besser. Jeder muss selbst die Verantwortung für sich übernehmen – auf bessere Zeiten zu hoffen, bringt nichts. Diese kommen nicht von allein, sondern nur, wenn wir die Initiative ergreifen.

All diese Faktoren sollten Grund genug sein, sich mit Alternativen zum traditionellen Gelderwerb beziehungsweise Möglichkeiten, ein Nebeneinkommen zu erwirtschaften, zu beschäftigen. Und genau darum wird es in diesem Buch gehen. Wenn du es aufmerksam bis zum Schluss liest, kann es der erste Schritt auf deinem Weg in ein neues Leben sein: ein finanziell sorgenfreies Leben mit viel Zeit für deine Wünsche, Träume, Ziele und Visionen!

Links und Ressourcen

Wir haben eigens für unsere Leser einen Onlineworkshop entwickelt.

In diesem Onlinetraining vermitteln wir unser gesamtes Know-how basierend auf jahrelanger Erfahrung. Dieses Training hilft dir dabei, deine Ziele und Träume zu erreichen. Du lernst darin Schritt für Schritt, wie du unser System duplizieren kannst.
Als Leser erhältst du als exklusiven Bonus ein kostenloses Zugangsticket zu unserem brandneuen Onlineworkshop. Klicke einfach auf folgenden Link und reserviere dir deinen Platz im Onlinetraining:

https://www.dominik-fuertbauer.com/deine-einladung-zum-webinar

SCAN ME

In diesem Training erfährst du:

- wie du, ohne Fixkosten zu haben, in der Hälfte der Zeit den doppelten Umsatz erzielst.
- wie du aus deinem bereits bestehenden Netzwerk zusätzlichen Gewinn generierst.
- wie du dein Einkommen von deiner Arbeitszeit entkoppelst.
- wie du von den Wachstumsmärkten der Zukunft profitierst.
- wie du ein stabiles Einkommen im Nebenerwerb erzielst.

Doch vor allem erfährst du, wie du ein fertiges, leicht skalierbares System nutzen kannst, um mehr Geld zu verdienen und deine Lebensqualität zu steigern, ohne Fixkosten zu haben und ohne Zeit gegen Geld tauschen zu müssen.

Du bist nur noch einen Klick von deinem Erfolg entfernt! Hier geht es zur kostenlosen Anmeldung exklusiv für Leser dieses Buches:

https://www.dominik-fuertbauer.com/deine-einladung-zum-webinar

Einleitung

Du bist in deinem aktuellen Job zwar erfolgreich, verdienst viel Geld und hast schon einige Sprossen der Karriereleiter erklommen, aber du fühlst dich ausgelaugt, hast keine Zeit für dein Privatleben und um deine Wünsche, Ziele und Träume zu verwirklichen? Du bist permanent gestresst und rennst von einer Verpflichtung zur nächsten? Du lebst zwar ein finanziell sorgenfreies und von außen betrachtet tolles Leben, aber das alles auf Kosten deiner Gesundheit und deiner Freizeit? Du fühlst dich gefangen im Hamsterrad und je mehr du trittst und je schneller sich das Rad dreht, desto erfolgreicher wirst du, aber umso ausgelaugter und erschöpfter bist du gleichzeitig? Du wünschst dir mehr Zeit für die wirklich wichtigen Dinge des Lebens, mehr Geld, mehr Lebensqualität? Du spürst, dass du dein derzeitiges Tempo nicht mehr lange durchhalten kannst und wirst? Dann ist es Zeit umzudenken!

Oder möchtest du dir schon seit Längerem ein zweites berufliches Standbein aufbauen, weißt aber einfach nicht wie du starten sollst? Dir ist bewusst, dass es so, wie es aktuell läuft, nicht weitergehen kann, doch du findest einfach nicht den passenden Zeitpunkt, um mit der Veränderung zu beginnen? Und wenn du doch mal einen Anlauf genommen hast, warst du schnell überfordert und hast die Flinte ins Korn geworfen, noch bevor es überhaupt

richtig losging? Auch dann solltest du einen anderen, neuen Weg einschlagen.
Beide Ausgangssituationen könnten unterschiedlicher nicht sein, doch sie haben eins gemeinsam: Freiheit ist der Preis für dieses Leben. Du bist nie wirklich frei und dein Leben wird von äußeren Faktoren und Umständen bestimmt.
Doch es gibt ein Geschäftsmodell, mit dem du deine Lebensqualität steigern kannst, mehr Zeit für deine Visionen gewinnst und gleichzeitig finanziell erfolgreich sein wirst: Network-Marketing. Mit diesem Business Modell kannst du hohe Umsätze generieren, ohne das verdiente Geld gegen Lebenszeit eintauschen zu müssen.

In diesem E-Book erfährst du, was Network-Marketing wirklich ist: unserer Erfahrung nach ein seriöses, professionelles, nachhaltiges Geschäftsmodell, mit dem jeder nebenberuflich ein zusätzliches Einkommen und somit eine gesteigerte Lebensqualität erzielen kann, ohne für dieses Geld Zeit eintauschen zu müssen. Bei maximaler Transparenz erhältst du einen detaillierten Einblick in diese Zukunftsbranche und bekommst exklusive Tipps von uns, wie du diese Vertriebsform für dich und in deiner Ausgangssituation nutzen kannst. Außerdem erläutern wir, woran du ein professionelles Network-Marketing-System erkennen kannst.

Wir möchten dich begleiten auf deiner Reise ins Unternehmertum, in die nebenberufliche Freiheit und vor allem zu deinen Träumen, Zielen und Wünschen, die du als Kind hattest, aber als Erwachsener vielleicht vergessen hast. Wir zeigen dir, wie Network-Marketing in den verschiedensten Bereichen und für unterschiedlichste Personengruppen eingesetzt werden kann. Egal, ob für Unternehmer, Vertriebler, Führungskräfte oder Angestellte, die sich ein zweites Standbein in der Selbstständigkeit aufbauen wollen. Egal, ob im Lebensmittel-, Beauty- oder Gesundheitsvertrieb.

Du wirst all die unterschiedlichen Facetten des Network-Marketings kennenlernen und wertvolle Tipps für den Start deines eigenen Business bekommen. Und nun lass uns loslegen – denn deine Träume sollten nicht länger auf ihre Erfüllung warten müssen! Doch bevor wir mit den Details starten, zunächst eine kleine Einführung in die Geschichte des Network-Marketings. Schließlich sollst du wissen, auf welches Pferd du da setzt.

Wie alles begann – die Geschichte des Network-Marketings

Wie ist das Network-Marketing, diese Branche, in der Milliardenumsätze erwirtschaftet werden, eigentlich entstanden? Existiert dieser Businesszweig erst seit wenigen Jahren oder schon viel länger?

Network-Marketing ist keineswegs eine Erfindung beziehungsweise Entwicklung aus dem 21. Jahrhundert, sondern sehr viel älter. Denn es ist eine Form des Direktvertriebs, der bereits seit Jahrhunderten praktiziert wird. Früher hat man beispielsweise als Käseproduzent seinen Käse direkt an die Menschen in der Umgebung, also die Bewohner des eigenen und des Nachbardorfes, verkauft. Damals wurde der Direktvertrieb geboren. Als Käser hat man folglich sein Geld mit dem direkten Verkauf seiner Produkte an Menschen im eigenen Umfeld, das heißt in der eigenen Region verdient. Die Kunden waren Produzenten und Händlern folglich mehr oder weniger bekannt. Da früher weite Wege mangels Verkehrsinfrastruktur nur mühsam zurückgelegt werden konnten, war es für Kunden zu aufwendig, nicht erschwinglich und somit uninteressant, bei weiter entfernten Händlern einzukaufen. Das wandelte sich mit der industriellen Revolution im 18. und 19. Jahrhundert. In diesem Zeitraum veränderten sich Marktstrukturen, Infrastruktur und Kommunikationsmöglichkeiten einschneidend. Ganze Wirtschaftszweige wurden revolutioniert oder entstanden völlig neu. Plötzlich konnten Produzenten ihre Produkte auf zahlreichen weiteren Wegen als nur über den klassischen Direktvertrieb verkaufen. Wo zuvor ausschließlich regionale Waren auf lokalen Märkten direkt an Kunden aus der Umgebung verkauft wurden, entstanden innerhalb weniger Jahrzehnte große Kaufhäuser und Ladenketten. Völlig neue Verkaufsstrukturen mit Groß- und Zwischenhandel wuchsen heran. Aufgrund dessen wurden immer neue Ideen geboren, um Kunden anzusprechen, vom eigenen Angebot zu überzeugen und für einen Kauf zu gewinnen, um Umsätze zu erzielen.

Die Geburtsstunde des Network-Marketings schlug schließlich 1886. Damals wurde die California Perfume Company gegründet. Diese Firma entwickelte eine völlig neue Art des Vertriebs, um ihre Produkte an die Kunden zu bringen. Unternehmensgründer David McConnell war zuvor als Buchverkäufer von Tür zu Tür gegangen und hatte seine Kunden bei ihnen zu Hause mit Büchern versorgt. Als Geschenk fügte er Parfümproben bei, die auf reges Interesse stießen, was ihn zur Gründung seines Unternehmens inspirierte. Fortan verkaufte er Parfüm „an der Haustür“.

Aus diesem Unternehmen ging 1939 der heutige Beauty-Konzern Avon hervor, der noch immer seine Produkte über Beraterinnen bei den Kunden daheim vertreibt.
Das zweite, noch heute existierende Unternehmen, das von Beginn an auf Multi-Level-Marketing (MLM) setzte, ist die California Vitamin Company, die inzwischen in dem amerikanischen Großkonzern Amway aufgegangen ist. Gegründet in den 1930er Jahren erlebte die Firma ihre Hochphase in den 1950er Jahren, also der Zeit nach dem Zweiten Weltkrieg. Zu jener Zeit war diese Vertriebsform vor allem für Frauen ein einfacher Weg, um ins Geschäftsleben einzusteigen.

Damals lief diese Verkaufsstrategie noch nicht unter dem Begriff Network-Marketing oder Ähnlichem, sondern wurde schlicht als Kunden-werben-Kunden-System bezeichnet. Heute wäre vielleicht „Affiliate-Marketing" der Begriff der Wahl. Das System beruhte und beruht immer noch auf einer einfachen Rechnung: Es ist um ein Vielfaches einfacher, viele einzelne, „kleine“ Verkäufer zu finden, die für viele einzelne, „kleine“ zufriedene Kunden sorgen, die wiederum das zu vertreibende Produkt weiterempfehlen und dafür eine Provision bekommen, anstatt ein paar wenige Großhändler und -abnehmer zu akquirieren. Bis in die 1960er Jahre hinein wurde Network-Marketing fast ausschließlich in den USA betrieben. Erst 1969 brachte die englische Firma Kleeneze die Strategie auf den europäischen Markt. 1973 wurden schließlich gesetzliche

Standards für MLM erlassen. Aber erst in den 1980er Jahren wandten auch deutsche Unternehmen diese Vertriebsform an. Dabei stellte sich zunächst die Frage nach deren Legalität. Amway, der Pionier der Branche investierte damals viel Geld, um rechtlich prüfen zu lassen, ob diese Vertriebsstrategie legal ist und eine Daseinsberechtigung hat. Nachdem dies gelungen war, wurde Network-Marketing in Deutschland gesellschaftsfähig und immer beliebter.

Basierend auf dieser Erfolgsstrategie und das Vorbild Amway im Auge habend wurden zahlreiche neue Unternehmen gegründet, die ähnliche Modelle etablierten. Leider gab und gibt es darunter auch viele „schwarze Schafe", deren Hauptaugenmerk nicht auf der Umsatzförderung für ihre Produkte liegt, sondern eher auf der Neuanwerbung von Vertriebspartnern, für die sogar Kopfgeldprämien gezahlt werden. Diese Entwicklung ist der Ursprung der sogenannten Schneeball- oder Pyramidensysteme. Anfangs gab es noch keine gesetzliche Grundlage für Network-Marketing, was zu willkürlichen Vorgehensweisen im Strukturvertrieb führte. Inzwischen wurden Richtlinien geschaffen, um diesen Methoden Einhalt zu gebieten. So ist der Direktvertrieb von Waren oder Dienstleistungen, bei dem die Vertriebspartner Provisionen auf Umsätze erhalten, erlaubt. Sogenannte progressive Kundenwerbung, bei der leere Versprechungen genutzt werden, um neue Kunden zu werben und diese wiederum zu animieren, das Gleiche mit weiteren Kunden zu tun, ist hingegen gemäß dem Gesetz gegen unlauteren Wettbewerb (UWG) nach § 16 Abs. 2 unter Strafe gestellt. Dank des von Amway geführten Rechtsstreits und dem darauffolgenden Gerichtsurteil ist Network-Marketing, wenn es seriös betrieben wird, zu einer uneingeschränkt legalen Vertriebsform erklärt geworden und bietet seitdem Millionen von Existenzgründern eine sichere und selbstbestimmte Zukunft. Seither ist es möglich, als selbständiger Vertriebspartner eines Network-Unternehmens vom veränderten Konsumverhalten der Verbraucher zu profitieren und als Empfehlungsgeber neue Vertriebspartner und Kunden direkt mit dem Network-Unternehmen in Kontakt zu bringen. Früher geschah dies noch mit händisch ausgefüllten Formularen über Postweg. Seit Ende der 1990er Jahre verschiebt sich allerdings der Tätigkeitsbereich der Vertriebspartner aufgrund des Vormarschs der Onlineshops. Sämtliche Verkaufsaktivitäten werden seither immer mehr ins Internet verlagert, wo sie eine größere Sichtbarkeit und mehr Transparenz erzielen.

Diese Entwicklung war ein enormer Beschleuniger für das Network-Marketing und ein regelrechter Booster für die gesamte Branche. Allein die Nutzung der digitalen Möglichkeiten sorgte bei den Network-Marketing-Unternehmen in den Jahren von 1990 bis 2020 für einen riesigen Wachstumsschub. Dank des Internets können Vertriebsinteressenten nun vorab intensiv recherchieren und genau prüfen, in welcher Form, mit welchem dahinterstehenden Geschäftsmodell und mit welchen Produkten sie Network Marketing betreiben wollen. Sie können schnell und einfach ermitteln, was zu ihnen, ihrer Kultur, ihrer Philosophie und natürlich auch zu ihren Zielen passt. Aufgrund dieser Transparenz wagen immer mehr Menschen den Schritt ins Network-Marketing als Alternative oder Ergänzung zum Angestelltendasein oder zur klassischen Selbstständigkeit. Durch die Möglichkeiten des Internets fällt zudem die Entscheidung leichter, überhaupt selbständiger Vertriebspartner eines Network-Marketing-Unternehmens zu werden. Denn ein Vertriebler muss heutzutage nicht mehr von Haustür zu Haustür gehen, um seine Produkte oder Dienstleistungen zu verkaufen, sondern kann einfach einen Link an potenzielle Interessenten verschicken.

Auf diese Weise ist es wirklich simpel und für jeden Vertriebler möglich, sein Partnerunternehmen vorzustellen und so den Kontakt zwischen Lieferant und Kunde herzustellen. Zudem sind sämtliche Vertriebspartnerdaten digital gespeichert. Dadurch können die Daten aller Kunden und Vertriebspartner weltweit abgerufen und ihre Einkäufe und Empfehlungen eingesehen werden. Das schafft die Voraussetzungen für globales Shopping mit wenigen Mausklicks.

Für den Networker entfällt zudem der Riesenapparat der Logistik, weil die Produktauslieferung vom Partnerunternehmen abgewickelt wird. Was hingegen wahrscheinlich nie zu ersetzen sein wird, ist das persönliche Beratungsgespräch. Auch das wurde zwar zunehmend digitalisiert, hat dadurch die Branche jedoch enorm beschleunigt. Früher musste ein Vertriebler, um Kunden zu beraten, noch persönlich bei diesen vorbeischauen. Außerdem musste er seine Partner persönlich ausbilden und dafür sorgen, dass sie sich ihr Business aufbauen können. Dieser Aufwand ist mittlerweile nicht mehr nötig, denn all das findet größtenteils auf digitalem Weg statt. Die Networker von heute sitzen zu Hause vor dem Laptop und informieren und coachen ihre (potenziellen) Partner, zum Beispiel in Onlinemeetings und in Webinaren. Früher waren dafür kostspielige Offline-Veranstaltungen und -Vorträge nötig. Inzwischen werden neue Vertriebspartner über Onlinebewerbungsgespräche rekrutiert und neue Kunden online beraten, und zwar nicht in einzelnen Face-to-Face-Gesprächen, im Sinne von One-on-One-Meetings, sondern mittels One-to-Many-Kommunikation, bei der ein Einzelner spricht und mehrere Hundert Leute zuhören. Diese entscheiden anschließend, ob sie in dieses Geschäftsmodell einsteigen, die Produkte kaufen oder weitere Produktinformationen einholen wollen.

Eine weitere große Erleichterung ist die Tatsache, dass mittlerweile fast jeder über ein Smartphone verfügt und somit auch außerhalb seines Zuhauses oder Büros digital erreichbar ist. In unserem Team nutzen wir alle zur Verfügung stehenden digitalen Kanäle für die Automatisierung von Abläufen und die Schulung unserer Geschäftspartner. So gibt es beispielsweise einen rund um die Uhr verfügbaren Informationsroboter, den man bei Fragen kontaktieren kann und der in 80 Prozent der Fälle eine Antwort bereithält. Und das immer und überall verfügbar. Dank dieser Innovation können wir viele Menschen in kurzer Zeit schulen und Vertriebspartner über wichtige Abläufe informieren, um optimale Ergebnisse in der Umsetzung zu erzielen.

Die Geschichte des Network-Marketings ist also eine Erfolgsgeschichte. Network-Marketing ist unserer Meinung nach das große berufliche Abenteuer der heutigen Zeit, das es zu entdecken gilt. Keine Branche ist flexibler und anpassungsfähiger.

Vor dem Start in dieses Business solltest du jedoch folgende Punkte checken, ehe du dich für ein Network-Unternehmen entscheidest:

1. Eigenkapitaldeckung und langfristige Perspektive des Unternehmens

2. internationale rechtliche Anerkennung des Unternehmens

3. Vergütungsplan und Provisionshöhe

Fällt dein Urteil bei all diesen Faktoren positiv aus, sind die Voraussetzungen für einen fairen und erfolgreichen Geschäftsaufbau bestens.
Nun bleibt nur noch die Frage, ob du mutig genug bist, um dich auf dieses moderne geschäftliche Abenteuer einzulassen. Für uns beide ist der Einstieg ins Network-Marketing das Beste, was uns passieren konnte. Deshalb raten wir dir: Begib auch du dich auf den Weg in ein erfolgreiches, unabhängiges, selbstbestimmtes Leben. Wir wünschen dir dabei allen erdenklichen Erfolg!

Der Weg in die Unabhängigkeit – warum du den Schritt ins Network-Marketing wagen solltest

In der heutigen Arbeitswelt gibt es drei Möglichkeiten, um sich eine Existenz aufzubauen. Die erste startet mit dem klassischen Bildungsweg: Schule – Ausbildung und/oder Studium. Dabei ist die weitverbreitete Ansicht, dass ein Studium die besten Voraussetzungen für beruflichen Erfolg schafft. Sprich, wer viel Geld verdienen möchte, sollte vorher studieren.

Einer unserer Teampartner ist seit einigen Jahren Dozent an verschiedenen Universitäten. Seine Dissertation in Banking und Finance hat er in Deutschland und Sydney geschrieben und damit in Wirtschaftswissenschaften promoviert. Er ist ein gefragter Sprecher und angesehener Dozent. Er hat sich folglich für diesen klassischen Bildungs- und Karriereweg entschieden. Allerdings hat er dabei schnell feststellen müssen, dass er als Arbeitnehmer trotz höchsten universitären Abschlusses keinerlei Möglichkeit hatte, sein Einkommen zu skalieren. Daher wählte er den Weg in die Freiberuflichkeit. Als freiberuflicher Dozent ist er nun zwar gefragt, aber auch frustriert. Denn es gibt für ihn keine weiteren Beförderungs- und Aufstiegsmöglichkeiten. Irgendwann lernte er Network-Marketing kennen und war zunächst skeptisch. Denn er erfuhr, dass er denselben beruflichen Erfolg wie an der Uni oder in einem großen Konzern auf völlig anderem Weg erreichen könne. Nach seinem Einstieg ins Network-Marketing hat er die Perspektiven dieses Weges erkannt. Seiner Meinung nach ist Network-Marketing generell die größte Chance des 21. Jahrhunderts. Nutze auch du sie! Denn in dieser Branche wird dir ermöglicht, ohne die Nachteile des klassischen Unternehmertums (wie zum Beispiel Fixkosten und Mitarbeiterorganisation) in Kauf nehmen zu müssen, weltweit ein skalierbares Geschäft bei freier Zeiteinteilung aufzubauen. Network-Marketing ist seiner Meinung nach die Zukunft.

Auch ich, Jim, bin zunächst diesen klassischen Weg gegangen. Nach dem Abitur habe ich mich für ein Studium entschieden, war jedoch bald mit meiner Unzufriedenheit hinsichtlich Selbstbestimmung und beruflicher Perspektive konfrontiert. Aus diesem Grund habe ich nach drei Semestern die Entscheidung getroffen, das Studium abzubrechen, und mich selbstständig gemacht. Dabei habe ich schnell bemerkt, dass es heutzutage sehr einfach ist, sich nebenberuflich ein funktionierendes Geschäft aufzubauen. Alles, was mir als Kind und in meiner Jugend in der Schule und von Verwandten erzählt worden war, stimmte nicht. Viele Glaubenssätze, die ich in meiner Kindheit verinnerlicht hatte und die dazu geführt hatten, dass ich den „traditionellen“ Weg überhaupt in Betracht gezogen hat, waren nur Illusionen. Denn kaum an der Uni angekommen habe ich gemerkt, dass ich neben dem Studium problemlos ein Geschäft aufbauen, ein Unternehmen gründen konnte. Damit habe ich schon in den ersten Jahren mehr Einkommen generiert, als ich nach dem Studium in einem klassischen Job je verdient hätte. Das war für mich der Anstoß, um mich ganz auf den Schritt in die Selbständigkeit zu fokussieren und mutig über meinen Schatten zu springen.

Und genau dieser Mut ist der Knackpunkt: Viele Menschen sind völlig in traditionellen Rastern und Denkweisen gefangen, weil sie zum einen keine Alternativen und anderen Optionen kennen und zum anderen auch gar nicht wüssten, wie sie diese mit ihren Fähigkeiten umsetzen sollten. Deshalb haben viele Menschen große Angst davor, den Schritt in die Selbstständigkeit zu wagen, sie scheuen schlicht das Risiko. Aus eigener Erfahrung kann ich dir allerdings nur raten, den Mut zum Risiko zu haben und dich auf dich selbst einzulassen. In keinem anderen Bereich wirst du so viel über dich selbst und andere Menschen lernen wie im Network-Marketing. In dieser Branche absolvierst du dein Studium im realen Leben und nicht an der Uni. „Learning by doing!", lautet dabei die Devise. Das ist die moderne Art zu leben und fürs Leben zu lernen.

Welche Möglichkeiten gibt es nun, um die eigene Existenz zu sichern? Nummer Eins ist das klassische Angestelltendasein, das in der Regel mit oben erläutertem Bildungsweg beginnt. Welche Vorteile bietet es? Einen relativ sicheren Job, mit dem ein – meist sogar tariflich – geregeltes Einkommen erwirtschaftet wird. Ein Angestellter bekommt jeden Monat pünktlich sein Geld ausgezahlt. Dabei wird in den meisten Fällen nach (Anwesenheits-)Zeit und nicht nach Leistung bezahlt. Gearbeitet wird in den meisten Jobs von Montag bis Freitag. Die einhellige Meinung ist, dass das Angestelltendasein sicher sei. Doch wie sicher ist es heutzutage wirklich noch? Zudem sind die Aufstiegsmöglichkeiten und Freiheiten in einem Unternehmen begrenzt. Irgendwann kommt ein Arbeitnehmer deshalb meist an den Punkt, an dem er gern selbstbestimmt handeln möchte. Früher arbeiteten viele Angestellte sogar ein Leben lang im selben Job, im selben Unternehmen.

Heute wechselt ein Angestellter durchschnittlich dreimal im Leben seinen Arbeitgeber. Ein solcher Angestellter vermehrt dadurch jedoch immer nur den Reichtum seines jeweiligen Chefs, limitiert aber sich und sein eigenes Potenzial, mit dem Ziel, dass er irgendwann in Rente gehen kann. Allerdings ist aktuell jeder fünfte zukünftige Rentner von Altersarmut bedroht. Das alles sind Menschen, die fleißig in ihrem Job gearbeitet,

Dienstleistungen erbracht oder Produkte hergestellt haben, um anderen Menschen Nutzen zu bringen. Trotzdem liegt ihre Rente unter dem Existenzminimum. Wenn du dieses Buch gerade liest, weil du in genau solch einer Situation bist, weil du dich in einem Angestelltenverhältnis befindest und das Gefühl hast, deine Potenziale und Fähigkeiten nicht ausschöpfen zu können, dann solltest du dich nach einem neuen Beschäftigungs- beziehungsweise Geschäftsmodell umsehen, mit dem du dir neben deinem festen Job etwas aufbauen kannst. Genau darum wird es in den nächsten Kapiteln gehen.

Die zweite Option, um Geld zu verdienen, ist die Existenzgründung, also der Weg in die berufliche Selbstständigkeit. Am Anfang steht dabei eine Produkt- oder Dienstleistungsidee. Um damit Umsätze zu generieren, müssen die Leute davon wissen, denn nur dann können sie zu Kunden werden. Dafür muss das Produkt oder die Dienstleistung sichtbar gemacht, also beworben werden. Nur wenn Kunden akquiriert werden, wird Umsatz generiert. Und nur wenn Umsatz erzielt wird, erwirtschaftet ein Selbstständiger Einkommen. Um diese Maschinerie in Gang zu bringen, sind zunächst einmal enorme Investitionen nötig. Dafür nehmen Unternehmer in aller Regel Kredite bei Banken auf. Meist geht es dabei um Summen zwischen 50.000 und 500.000 Euro. Und das, obwohl Wirtschaftsstatistiken eindeutig belegen, dass mehr als 80 Prozent der Start-up-Unternehmen bereits im zweiten Jahr ihres Bestehens schon wieder aufgeben. Des Weiteren braucht das Unternehmen einen Sitz, sprich eine Immobilie, die erworben oder angemietet werden muss, die Geschäftsausstattung muss organisiert und der Herstellungs- beziehungsweise Dienstleistungsprozess gestartet werden. Auf Basis der Produktidee muss ein Produktdesign entwickelt werden, anschließend müssen Vertriebs- und Marketingprozesse angeschoben werden. Es entstehen folglich enorm hohe Kosten, bevor überhaupt Geld verdient wurde. In den ersten Jahren arbeitet ein Unternehmer fast pausenlos, skaliert das Unternehmen und steigert dessen Wert. Um wachsen zu können, müssen mit der Zeit entweder mehr Mitarbeiter angestellt oder mehr eigene Zeit investiert werden. Mitarbeiter bedeuten allerdings Fixkosten und Verantwortung. Zeiteinsatz bedeutet, dass weniger Zeit fürs Privatleben bleibt. Bis all diese Kosten amortisiert sind, sich der Einsatz gelohnt hat und Gewinne erzielt werden, dauert es in der Regel mehrere Jahre. Und genau das ist der Nachteil des klassischen Unternehmertums. Auch Unternehmen, die stabile Umsätze verzeichnen und stetig wachsen, können plötzlich in Schwierigkeiten geraten, egal ob selbst verschuldet oder aufgrund nicht beeinflussbarer Umstände, wie zum Beispiel die Coronakrise. Dann müssen all diese Fixkosten weiterhin gedeckt werden, obwohl keine Umsätze erzielt werden.

Unzählige Unternehmer verdienen nichtsdestotrotz viel Geld, sind wirtschaftlich erfolgreich, aber auf der anderen Seite leiden sie, sind unglücklich, weil sie keine Zeit für andere Dinge mehr haben, – für ihre Kinder, ihre Familie, ihre Lebensträume. Sie haben sich ein goldenes Hamsterrad geschaffen, getreu dem Motto: „Wer viel Geld verdienen will, muss viel dafür arbeiten."

Der dritte Weg zur Sicherung der eigenen Existenz ist nun die Alternative zu diesen beiden klassischen Modellen. Eine Möglichkeit, sich nebenbei etwas aufzubauen mit dem Vorteil, dass nur geringe Investitionen nötig sind: Network-Marketing. Im Network-Marketing sind all die Voraussetzungen, die ein Unternehmer normalerweise braucht, nicht nötig. Network-Marketing eignet sich für Unternehmer und Angestellte gleichermaßen. Bist du bereits Unternehmer, kannst du dein schon existierendes Netzwerk als Multiplikator nutzen. Jeder Mensch, den du als Kontakt in deiner Kartei führst, hat statistisch gesehen 250 weitere Kontakte. Die Frage ist nun, wie du diesen Menschen dazu bewegen kannst, Empfehlungen auszusprechen, oder wie du ihm beibringen kannst, selbst von seinen Kontakten zu profitieren, und zwar in mehrfacher Hinsicht. Bist du hingegen Angestellter in einem Unternehmen kann Network-Marketing dein Weg in die Selbstständigkeit sein, den du sonst aufgrund mangelnden Wissens und fehlender Ressourcen bezüglich Zeit und Geld vielleicht nie gehen könntest.

Als Networker bekommst du von uns ein nachweislich funktionierendes System an die Hand, das du an deine Ausgangssituation anpasst und das dann für dich arbeiten wird. Du musst keine Mitarbeiter beschäftigen. Du musst keine Produkte entwickeln. Du musst keine Vertriebs- und Marketingstrategien entwickeln. Du musst all diese Dinge nicht tun, die normalerweise für eine Selbstständigkeit notwendig sind und extrem viel Zeit und Geld kosten. Denn all das übernimmt dein Network-Marketing-Partnerunternehmen. Du kannst somit direkt mit der Umsetzung beginnen. Dadurch kannst du in derselben Zeit viel schneller Ergebnisse erzielen. Das wiederum lässt dich deine Ziele rascher erreichen, egal, ob du dir mehr Zeit, mehr Geld oder mehr Lebensqualität wünschst. 97 Prozent der Networker starten ihr Business nebenbei und gehen zunächst ihrem bisherigen Job weiter nach, bis sie sich davon lösen können und vollständig in die Selbstständigkeit einsteigen.

Der richtige Zeitpunkt dafür ist gekommen, wenn mit Network-Marketing mindestens das gleiche Einkommen wie im Angestelltenjob erzielt wird. Unternehmer gewinnen Flexibilität hinzu, sprich Zeit, in der sie sich fortan den Dingen widmen können, die ihnen persönlich wichtig sind. Die Übergangszeit bis zu diesem Punkt, in der sowohl der Angestelltenjob als auch das Network-Marketing-Business gewuppt werden müssen, ist zwar belastend, aber endlich. Wir haben festgestellt, dass vor allem Menschen, die aus

Angestelltenverhältnissen ins Network-Marketing wechseln, zunächst unternehmerische Fähigkeiten erwerben müssen, bevor sie die Selbstsicherheit haben, sich ganz auf die Selbstständigkeit zu konzentrieren.

Im Folgenden werden wir dir nun schildern, wie genau Network-Marketing für uns funktioniert. Dabei werden wir ehrlich und umfassend alle Facetten dieses Business beleuchten. Du wirst sehen – die positiven Aspekte überwiegen bei Weitem.

Network-Marketing – viele Vorteile ... und ein paar Nachteile

In kaum einer Branche wird so viel diskutiert wie im Network-Marketing. In kaum einer Branche gibt es so viele Mythen. Unzählige Vorurteile und unterschiedliche Meinungen beherrschen das Internet, außerdem Pseudowissen von Menschen, die positive oder negative Erfahrungen mit Network-Marketing gemacht haben. Letztere rühren vor allem daher, dass viele Menschen völlig falsche und zu hohe Erwartungen an dieses Business haben. Die meisten denken bei dieser Form des Direktvertriebs an ein Schneeball- oder Pyramidensystem und somit an ein fragwürdiges und unseriöses oder sogar illegales Geschäftsmodell.

Richtig ist: Network-Marketing hat viele Vorteile, aber auch einige Nachteile. Der größte Vorteil des Network-Marketings ist, dass all das Know-how und die Kontakte, die klassischerweise für eine Existenzgründung benötigt werden, nicht nötig sind. Dieses Geschäftsmodell birgt ein geringes Risiko und kann sofort und von nahezu jedem gestartet werden.

Ein fertiges System für dein Business

Du beginnst und arbeitest mit einem fertigen System, mit fertigen Produkten und fertigen Marketing-Strategien. Dadurch kannst du dich voll und ganz auf das Wachstum deiner Vertriebsmannschaft und somit auf deinen Skalierungshebel konzentrieren. Die meisten Unternehmer können ihr Geschäftsmodell nur dann skalieren, wenn sie entweder mehr persönliche Arbeitszeit oder mehr Kapital investieren, sprich neue Mitarbeiter bezahlen oder ihr Investitionsvolumen erhöhen. Auf diesem Wege wird dann zwar mehr Umsatz erzielt, aber zu Lasten von Zeit und Lebensqualität. Als Ergebnis finden sich die Unternehmer meist im berühmten Hamsterrad wieder. Menschen, die große Unternehmen führen und enorme Umsätze erwirtschaften, sind nicht selten privat sehr unglücklich, weil sie keine Zeit haben für sich, für ihre Familie, für ihre Lebensträume. Häufig sind sie zudem gesundheitlich angeschlagen und landen irgendwann im Burn-out. Im Network-Marketing hingegen kannst du deine Umsätze steigern, ohne dafür mit Lebenszeit bezahlen zu müssen.

Flexible Arbeitsbedingungen

Ein großer Vorteil sind die flexiblen Arbeitsbedingungen. Du entscheidest selbst, wann, wo und wie viel du arbeitest. Zudem benötigst du nur einen Computer, ein Telefon und ein paar Produkte, um loslegen zu können. Die Einstiegshürden, um im Network-Marketing starten zu können, sind also sehr niedrig. Obendrein richtet sich dein Einkommen stets nach deiner Leistung. Du bestimmst folglich selbst darüber, wie viel du verdienst. Bezahlt wird immer die Gesamtleistung deines Teams. Denn deine Umsätze generierst du gemeinsam mit deinen Partnern. Entscheidend ist also, wie hoch die Umsätze von dir und deiner Vertriebsmannschaft zusammen sind.

Dein Mentor

Hinzu kommt, dass du in einem professionellen Network-Marketing-System einen erfahrenen Vertriebspartner als Mentor an deiner Seite hast, der bereits erfolgreich im Network-Marketing ist und dir stets Tipps geben kann, wie du die Umsätze von dir und deinem Team steigern kannst. Das ist nahezu unbezahlbar. Normalerweise kostet es heutzutage einen sechsstelligen Betrag, wenn man von erfolgreichen Unternehmern beraten werden und lernen will. Denn sie geben ihre Erfolgsgeheimnisse nicht so schnell preis.

Ich, Dominik habe mein erstes Unternehmen im Alter von 18 Jahren gegründet. Ich werde diesen Tag nie vergessen – der Tag, von dem an ich mit meiner Leidenschaft Geld verdienen konnte: Online-Marketing. Als Jungunternehmer war ich – wie jeder Unternehmer –

mit vielen Herausforderungen konfrontiert: Kapitalbeschaffung, Geschäftsausstattung, interne Prozesse anlegen, Organisatorisches regeln, das hohe Risiko in der Start- und Skalierungsphase tragen, die Produktentwicklung anstoßen, die Markenkommunikation starten etc. Nach drei Jahren war ich so erfolgreich, dass ich eine Vielzahl an Mitarbeitern beschäftigt habe. Ich war am entscheidenden Punkt angekommen, dem Punkt, an dem man für sich selbst und sein persönliches und wirtschaftliches Wachstum eine Entscheidung treffen muss. An diesem Punkt investierte ich sechsstellige Summen in mein persönliches Wachstum. Mit Erfolg – ich skalierte mein Unternehmen in Rekordzeit, gründete weitere erfolgreiche Unternehmen, wurde zum Berater für milliardenschwere Konzerne und veröffentlichte ein Buch, das zum Bestseller wurde. Auf dieser Reise durfte ich zahlreiche Unternehmer treffen und kennenlernen. Viele davon sind heute noch an demselben Punkt wie damals. Häufig scheiterte ein Weiterkommen an der Umsetzung. Denn die meisten Menschen sind mit der Umsetzung überfordert und wissen nicht, wie sie Gelerntes in der Praxis anwenden sollen. Im Network-Marketing musst du diesen Weg nicht allein gehen und bist mit deinen Erfahrungen nicht auf dich allein gestellt. Denn professionelles Network-Marketing steht für gemeinsames Wachstum, unabhängig davon, aus welcher Ausgangssituation und mit welcher Zielsetzung du startest. Du bekommst einen Mentor zur Seite gestellt, der deinen individuellen Erfolg im Fokus hat und dich bei der Umsetzung unterstützt. Suche dir daher einen Mentor, der dir und deinem Business beim Wachsen hilft, – einen Menschen, der da ist, wo du hinwillst.

Outgesourcte Produktion, Administration, Logistik, Rechnungswesen etc.

Ein weiterer Pluspunkt des Network-Marketings ist, dass du keinen Innendienst, der den Versand der Produkte, Reklamationen und Kundenanfragen bearbeitet, benötigst. Du brauchst auch kein eigenes Lager, denn das Unternehmen, für das du Network-Marketing betreibst, versendet die Produkte direkt an deine Kunden und Vertriebspartner. Du hast daher keinerlei Fixkosten beziehungsweise entscheidest selbst, welche Fixkosten du aufnimmst. Notwendig sind diese allerdings nicht, um ein langfristig funktionierendes, stabiles, nachhaltiges und professionelles System aufzubauen, das obendrein automatisiert und somit unabhängig von dir arbeitet und mit dem du lebenslang ein erhebliches passives Einkommen erzielen kannst.

Allerdings ist der Aufbau dieses Systems durchaus mit Arbeit verbunden. Um ein funktionierendes System zu erschaffen, musst du zunächst einmal Energie investieren. Einer der größten Nachteile beim Network-Marketing ist, dass es viele Leute gibt, die dir erzählen, dass du mit

Network-Marketing schnell reich werden kannst, ohne allzu viel dafür tun zu müssen. Gerade aufgrund der niedrigen Einstiegshürden denken viele Menschen, Network-Marketing sei der heilige Gral der Wirtschaft. Das Internet ist voll von Menschen, die keine Ahnung haben von Unternehmertum, die noch nie im Vertrieb tätig waren und dir trotzdem erklären wollen, wie ein erfolgreiches Unternehmen funktioniert.

Das war auch für mich, Dominik, einer der Hauptgründe für meine ablehnende Haltung gegenüber Network-Marketing. Tagtäglich wurde ich mit Unprofessionalität, unseriösen Geschäftsmodellen und unqualifizierten Nachrichten genervt. „Lass mich dir zeigen, wie du mit deinem Smartphone Geld verdienen kannst!", „Bist du an einem passiven Einkommen interessiert?" und dergleichen Botschaften mehr erreichten mich zuhauf auf dem Handy. Diese tägliche Konfrontation mit den Nachteilen dieses Geschäftsmodells führte dazu, dass Network-Marketing für mich zum roten Tuch wurde. Unzählige Artikel und Passagen in einschlägigen Büchern, die ich las, taten ihr Übriges, da sie Network-Marketing in ein eindeutig negatives Licht rückten. Heute bin ich nichtsdestotrotz nur mit Leidenschaft in dieser Branche tätig und inspiriere eine Vielzahl von Menschen mit meinem Network-Marketing-Podcast. Ich bin mittlerweile überzeugt von diesem Geschäftsmodell. Der Wendepunkt kam vor einigen Jahren, als ich als Multi-Unternehmer erkannte, dass meine Unternehmen nur aufgrund steigender Mitarbeiterzahlen und steigender Kapitalverantwortung, vor allem aber aufgrund viel investierter Zeit meinerseits wuchsen – und mit ihnen mein Stresspegel und der Druck, dem ich ausgesetzt war. Aus diesem Grund suchte ich nach einem System, mit dem ich neben meinem Unternehmerdasein Zeit, Geld, Lebensqualität und Gesundheit gewinnen konnte, ohne mir weitere Fixkosten aufzubürden und ohne Zeit gegen Geld zu tauschen. Ein solches System fand ich im Network-Marketing. Das Geschäftsmodell war dabei exakt das Gleiche, wie das, was ich bei meinen zahlreichen erfolgreichen Firmengründungen genutzt hatte, jedoch ohne den Einsatz von Mitarbeitern, die letztlich Fixkosten bedeuten, und ohne Zeit gegen Geld zu tauschen. Schnell hatte ich dann den Gedanken, mich für die Sichtbarkeit professionellen Network-Marketings einzusetzen. Ich wollte, wenn ich mit diesem Business startete, eine völlig neue Zielgruppe ansprechen. Ich wollte dafür sorgen, dass Menschen auf seriöse Art und Weise, nachhaltig und stabil Network-Marketing einsetzten, um mehr Zeit, Geld und Lebensqualität zu erzielen. Meine Vision war geboren. Ich startete zunächst nebenberuflich, mit wenigen Stunden pro Woche. Das änderte sich allerdings, als ich die Hebelwirkung von Zeit im Hinblick auf die Ergebnisse realisierte. An diesem Punkt traf ich die Entscheidung, mich voll und ganz auf den Aufbau meines Network-Business zu konzentrieren. Dafür gab ich alle anderen

Unternehmen auf, um meine Energie ausschließlich auf dieses Projekt fokussieren zu können.
Der große Vorteil des Network-Marketings ist folglich gleichzeitig dessen großer Nachteil. Denn dass Menschen, die noch nie unternehmerisch tätig waren, mithilfe dieses fertigen Vertriebssystems mit einem sehr geringen Risiko ihr Business starten können, bedeutet auch, dass sich unglaublich viele unfähige Leute auf dem Markt tummeln. Und die wenigsten davon sind bereit, langfristig ihre Energie in Network-Marketing zu investieren.

Ein weiterer Nachteil ist, dass deine Kunden nicht deine Kunden sind. Die Kunden, die du über Network-Marketing akquirierst, sind immer die Kunden deines Partnerunternehmens. Deswegen achte unbedingt darauf, dass du eine Firma auswählst, die eine langfristige Strategie hat und mit dir zusammen agiert, also ein Unternehmen, das die nächsten Jahrzehnte weiterhin auf Network-Marketing setzen will und wird und nicht plant, auf Einzelhandel, einen Internetshop oder Ähnliches umzustellen. Idealerweise verfügt das Unternehmen selbst über die Rohstoffe für seine Produkte und kann deren Qualität und Liefermöglichkeiten eigenständig bestimmen. Denn die Abhängigkeit von Zulieferern solltest du bei deinem Network-Partner unbedingt vermeiden. Auch Tradition und Werte eines Unternehmens sollten eine große Rolle bei deiner Auswahl spielen, denn Vertrauen zu einem Partner beruht immer auf „weichen Faktoren“, wie Ethik, Zuverlässigkeit, Regelmäßigkeit bei der Auszahlung deiner Provisionen und Nachhaltigkeit. Das gilt auch bei Finanzierungen – eine hohe Eigenkapitaldeckung im Partnerunternehmen wird von Vertriebspartnern meist stolz hervorgehoben. Außerdem sollte das Unternehmen sicher am Markt etabliert sein, wenn möglich seit vielen Jahrzehnten, und ein langfristig angelegtes Vertriebsmodell haben.

Mit der Abhängigkeit von deinem Partnerunternehmen einher geht die Tatsache, dass du nicht über alles selbst bestimmen kannst. Die Preise der Produkte, die du vermarktest, und die Margen bestimmt dein Partnerunternehmen. Andererseits musst du dir um diese Dinge auch keine Gedanken machen. Du brauchst dich nicht mit der Preisgestaltung zu beschäftigen. Ebenso wenig musst du darüber entscheiden, wie das Produkt, das du vermarktest, aussieht oder wie es verpackt ist. Obendrein brauchst du keine Mitarbeiter zu führen, der gesamte Innendienst ist outgesourct – in dein Partnerunternehmen. Auch Forschung und Weiterentwicklung der Produkte liegen nicht in deiner Hand und müssen nicht von dir betreut werden.

Das Beste aber ist, dass du, wenn du die richtige Firma als Partnerunternehmen gewählt hast, extrem hohe Margen erzielst. Dafür kannst du nicht gewinnbringend aus dem

Business aussteigen. Denn die Partnerunternehmen verbieten den Weiterverkauf der Vertriebspartnerkontakte. Doch du brauchst dein Unternehmen überhaupt nicht zu verkaufen – selbst wenn du partout keine Lust mehr darauf hast. Denn auch wenn du nichts mehr dafür tust, generiert dir dein Network immer noch ein passives Einkommen, weil du nach einer soliden Aufbauzeit, die im Durchschnitt drei bis sieben Jahre dauert, eine komplett autarke Vertriebsorganisation geschaffen hast. Solltest du nichtsdestotrotz ein Unternehmen mit einer Exit-Strategie aufbauen wollen, das heißt mit dem Ziel, es irgendwann zu verkaufen, – das geht im Network-Marketing nicht, da du eine Firma in einer Firma aufbaust.

Network-Marketing ist eine Vertriebsform und funktioniert daher wie jedes andere Unternehmen auch. Bevor du startest, solltest du dir deshalb einige Fragen beantworten: Warum willst du Network-Marketing betreiben? Was ist deine Vision, welches Ziel willst du erreichen? In den ersten Jahren musst du viel Zeit und auch ein wenig Geld investieren, um dein Marketing-Netzwerk aufzubauen. Erst dann wirst du den Erfolg sehen und die Früchte deiner Arbeit ernten können. Wenn du auf der Suche nach einer Abkürzung auf der Erfolgsspur bist, wenn du große Ziele erreichen, aber nichts oder nur wenig dafür tun willst, dann bist du im Network-Marketing genauso falsch wie im klassischen Unternehmertum. Network-Marketing ist kein Sprint, es ist ein Marathon.

Um ein passives Einkommen in entsprechender Höhe zu erwirtschaften, solltest du zwei bis fünf Jahre einplanen. Wenn du dazu nicht bereit bist, fang erst gar nicht an.
Viele Mythen ranken sich um das Network-Marketing und unzählige Vorurteile über diese Branche kursieren. Und aufgrund der niedrigen Einstiegshürden gibt es viele schwarze Schafe auf dem Markt. Zahlreiche Firmen bieten Geschäftsmodelle an, die langfristig nicht funktionieren, nicht professionell und unseriös sind. Aus reiner Profitgier propagieren sie falsche Fakten, um Menschen zu ködern. Diese Menschen vertrauen diesen Aussagen und werden schlussendlich ausgenutzt. Denn es gibt nur wenige Personen, die nicht nur ihre eigenen, egoistischen Ziele verfolgen, sondern im Sinne anderer handeln.

Einer der größten Nachteile des Network-Marketings ist auch, dass mittlerweile unzählige unterschiedliche Ausrichtungen, Strategien, Firmen, Geschäftsmodelle und Systeme auf dem Markt existieren und dieser dadurch sehr undurchsichtig geworden ist. Gefühlt gibt es massenhaft Angebote, doch eigentlich sind diese nur aufgrund der Möglichkeiten der digitalen Medien plötzlich alle sichtbar geworden. Die Network-Marketing-Branche hat eine lange Historie, doch erst jetzt besteht die Möglichkeit, sich schnell und direkt auch international zu vernetzen und Kontakte zu nutzen. Das ist der Grund warum der Network-Marketing-Branche eine buchstäbliche Explosion bevorsteht. Zu entscheiden oder zu bewerten, mit welchem System man tatsächlich professionell, nachhaltig und stabil die eigenen Ziele erreichen kann, ist daher eine echte Herausforderung. Denn nicht die, die am lautesten schreien, sind die Besten, sondern die, die reale Erfolge vorweisen können.

Oft führt eine große Kampagne dazu, dass zwar viele Menschen mit Network-Marketing starten, aber der Großteil von ihnen gibt schnell wieder auf. Denn die meisten Einsteiger haben einfach keine Vision, was sie mit Network-Marketing erreichen wollen. Sie haben kein Ziel, für das es sich lohnt, langfristig an diesem System festzuhalten. Sie erwarten stattdessen einen Sprint auf der Erfolgsspur und wollen in einem halben Jahr bereits hohe Umsätze erzielen. Das führt dazu, dass sie beim ersten Widerstand aufgeben. Deshalb haben viele Menschen keinen Erfolg mit Network-Marketing. Denn wenn sie damit beginnen, planen sie nicht für die nächsten zwei bis fünf Jahre. Sie sind gar nicht bereit dazu, ihr Umfeld zu verändern, um ihre Ziele zu erreichen. Doch das ist unbedingt notwendig, um als Unternehmer erfolgreich zu sein. Schlussendlich steht man im Network-Marketing nämlich vor denselben Herausforderungen wie bei einer Unternehmensgründung. Network-Marketing ist eine Vertriebsform und daher ein Business wie jedes andere auch, mit denselben Spielregeln und denselben Herausforderungen. Nur eben mit gewissen Vorteilen, die klassisches Unternehmertum nicht bietet.

Die Gretchenfrage: Ist Network-Marketing ein Schneeballsystem?

Eine der mit Abstand häufigsten Kritiken beziehungsweise einer der gängigsten Vorbehalte über Network-Marketing ist, dass es sich dabei um ein Schneeballsystem handelt. Dabei sind dies zwei grundlegend verschiedene Systeme, die klar voneinander abgegrenzt werden sollten.

Die Vertriebsstruktur eines Schneeballsystems beruht auf der Abfolge, dass du einen Partner wirbst, der einen neuen Kunden wirbt, der zum Partner wird und wieder neue Kunden wirbt und so weiter und so fort. Das ist dem Network-Marketing natürlich ähnlich. Aber: Eine Vertriebsorganisation im Network-Marketing vermarktet ein Produkt, das seinen Preis wert ist. Bei einem Schneeballsystem hingegen werden meist völlig überteuerte Produkte verkauft oder sogar Kopfgeldprämien bezahlt. Außerdem lebt ein stabiles Network-Marketing-Unternehmen vom Kunden. Auch wenn keiner der Partner im Netzwerk neue Kunden akquirieren würde, würden die Bestandskunden trotzdem jeden Monat Produkte nachkaufen, einfach weil sie von deren Mehrwert überzeugt sind. Das ist der entscheidende Unterschied: Aufgrund der Preisgestaltung der Produkte hat ein Networker reale Endkunden. In einem Schneeballsystem hingegen gibt es nur Vertriebspartner, die zudem ein völlig überteuertes Produkt vermarkten. Wenn es überhaupt ein real existierendes Produkt gibt …

Denn da Schneeballsysteme nur auf Vertriebspartnern basieren, nicht auf Kunden, gibt es die Produkte oder Dienstleistungen, die angeboten werden, manchmal gar nicht. Daher sind Schneeballsysteme illegal und werden in der Regel verboten. Network-Marketing-Systeme hingegen sind absolut legal. Denn dabei wird eine Vertriebsorganisation basierend auf einem Produkt und Endkunden aufgebaut. Deshalb dauert der Aufbau eines funktionierenden und erfolgreichen Network-Marketing-Business, wie bereits erwähnt, in der Regel drei bis sieben Jahre. Es ist folglich sehr langfristig ausgelegt, ein Schneeballsystem im Gegensatz dazu extrem kurzfristig. Es wird meist innerhalb weniger Wochen oder Monate schon wieder beendet. Dabei wird nur eine Hoffnung verkauft, beim Network-Marketing hingegen ein real existierendes, qualitativ hochwertiges Produkt.

Anhand welcher Kriterien lässt sich nun ein Schneeballsystem von einem Network-Marketing-System sicher unterscheiden? Der offensichtlichste Faktor ist meist eine dubiose Adresse als Firmensitz eines Unternehmens mit Schneeballsystem. Befindet sich dieser beispielsweise auf den Jungferninseln oder in Panama, ist Skepsis geboten.

Denn dort gelten andere Rechtsgrundlagen als in der EU. Ein Network-Marketing-System ist zudem sehr zentral angelegt und hat irgendwo feste Mitarbeiter sitzen, die alles im Hintergrund regeln. Das heißt, es gibt auch ein Firmengebäude mit einer seriösen Adresse. Ein Schneeballsystem ist dagegen äußerst dezentral strukturiert.

Das Erfolgsgeheimnis – seriöses Network-Marketing mit System

Woran lässt sich nun ein professionelles Network-Marketing-System erkennen? Dazu ist ein wenig Hintergrundwissen über dieses Vertriebssystem erforderlich. Ein seriöses, nachhaltiges und professionelles Network-Marketing-System generiert langfristig Erträge und sorgt für einen Gewinn an Zeit, Geld und Lebensqualität. Dadurch unterscheidet es sich von illegalen Schneeball- und Pyramidensystemen. Es gibt viele unterschiedliche Ausrichtungen und Formen des Network-Marketings und zahlreiche verschiedene Märkte. Doch woran kannst du erkennen, welches Network-Marketing-System professionell und seriös arbeitet? Und welches System zu dir, deinen Werten, deiner Philosophie, deinen Fähigkeiten und deinen Zielen passt?

Der erste wichtige Faktor ist das Unternehmen an sich und dessen Beständigkeit am Markt. Wie lange gibt es die Firma schon?

Das zweite entscheidende Kriterium ist der Markt, auf dem das Unternehmen positioniert ist. Ist das ein Wachstumsmarkt? Wie steht es um das weltweite Marktpotenzial? Besonders erfolgversprechend sind die Bereiche Gesundheit, Wellness und Beauty. Deren weltweites Potenzial liegt bei knapp 600 Milliarden Dollar.

Der dritte Punkt ist die Infrastruktur des Unternehmens. Bietet die Infrastruktur die Möglichkeit, sie mit deinem Netzwerk zu nutzen? Kannst du damit deine Ziele erreichen und schnell in die Umsetzung kommen? Wichtig dafür ist vor allem, ob das Angebot des Unternehmens einfach international duplizierbar ist. Daher solltest du schauen, in wie vielen Ländern die Firma bereits aktiv ist – je mehr, desto besser. Denn für jedes Land bedarf es einer eigenen Logistik und Servicecentern vor Ort. Dann können internationale Kontakte in Rekordzeit bedient werden und die Produkte gelangen sehr schnell zu deinen Kunden.
Als Viertes solltest du dir anschauen, welche Produkte das Unternehmen vertreibt. Passen diese Produkte zu dir? Wie viele Menschen oder deren Tiere konsumieren diese Produkte? Sind es Verbrauchsprodukte, bei denen ein wiederkehrender Konsum gewährleistet ist? Welche Umsätze und Gewinne sind mit diesen Produkten möglich? Gibt es zuverlässige Studien oder Aussagen zum Marktpotenzial der Produktpalette?

Das führt direkt zum nächsten Punkt: Wachstum und Umsatzvolumen. Ist das Unternehmen stabil? Generiert es steigende Umsätze?

Darauf folgt die Frage nach der Struktur, dem Aufbau des Unternehmens. Ist es schuldenfrei? Welche Gesellschaftsform hat es – ist es ein Familienunternehmen oder eine Aktiengesellschaft oder Ähnliches? Letztere agiert immer im Namen der Aktionäre und folgt deren Interessen und nicht denen der jeweiligen Geschäftspartner. Das kann dazu führen, dass von heute auf morgen beispielsweise Marketingpläne verändert werden, weil die Aktionäre es für sinnvoll halten.

Als siebtes Kriterium solltest du dir den Vergütungsplan des Unternehmens ganz genau anschauen. Auf welcher Basis werden Provisionen ausgezahlt? Ist der Verkaufs- oder der Einkaufspreis die Grundlage für die Berechnung der Provision – brutto oder netto? Wenn bei Vergleichen Prozentzahlen angeführt werden, achte immer darauf, auf welcher Grundlage sie berechnet wurden. Gab es in der Vergangenheit Veränderungen in diesem Plan? Wurden Provisionen irgendwann mal nicht ausgezahlt? Auch der Plan an sich ist wichtig. Passt er zu dir, deiner Ausgangssituation, deinen Fähigkeiten, deinen Zielen, deiner Philosophie und deinen Werten?

Doch alle bisher genannten Faktoren führen dich noch nicht zum Erfolg. Das beste System, das beste Produkt, der beste Vergütungsplan, die beste Infrastruktur sind wirkungslos, wenn du nicht Menschen an der Hand hast, die dir beibringen, wie du dieses System für dich und in deiner Ausgangssituation umsetzen kannst. Das sollten Menschen sein, die bereits erfolgreich im Network-Marketing sind. Menschen, mit deren Werten, Philosophie und Arbeitsweise du dich identifizieren kannst.

Du brauchst Kontakt zu Führungskräften, Top-Unternehmern, Vertrieblern, die große Unternehmen aufgebaut haben. Menschen, die in ihrem Business sechs- oder gar siebenstellige Umsätze erzielt haben und mit Network-Marketing begonnen haben, weil sie sich mehr Flexibilität im Unternehmertum gewünscht haben, weil sie genug vom Laufen im Hamsterrad hatten, weil sie auf der Suche waren nach einer Möglichkeit, mehr Zeit, Geld und Lebensqualität zu erreichen, ohne für Geld Zeit einzutauschen. Siehst du ein Feuer, ein Funkeln in den Augen deines Gegenübers, kannst du davon ausgehen, dass derjenige seinen Job gern macht. Dann weißt du, dass das das richtige Unternehmen für dich ist. Denn Menschen dieser Art würden niemals in einer beziehungsweise für eine Firma arbeiten, die nicht langfristig, professionell, seriös und im Sinne anderer handelt. Sie würden kein Unternehmen unterstützen, das keine nachhaltigen Produkte in einem Wachstumsmarkt vertreibt.

Dieses Kriterium sollte das wichtigste bei deiner Entscheidung sein. Frage dich, ob die Menschen, die für das Unternehmen arbeiten, zu dir, deiner Philosophie, deinen Werten, deinen Zielen und auch zu deinem Netzwerk passen. Erst danach schaust du dir die anderen Details an: Infrastruktur, Umsätze, Vergütungsplan, Produkte etc.

All das bringt dir nämlich nichts, wenn die Komponente Mensch nicht stimmt und du niemanden an der Hand hast, der dir zeigt, wie du dieses System für dich adaptieren kannst.

Mit dieser Vorgehensweise kannst du dir ganz einfach die Frage beantworten, welches Network-Marketing-System zu dir passt. Wenn du das Unternehmen, das zu dir, deinen Zielen, deiner Philosophie und deinen Werten passt, gefunden hast, wirst du auch mit dessen Network-Marketing gut zurechtkommen. Es gibt viele unterschiedliche Unternehmen, die sehr erfolgreich Network-Marketing betreiben und dabei nachhaltig, professionell und seriös arbeiten, allerdings nicht zu dir und zu deiner Ausrichtung passen. Deswegen solltest du unbedingt die erwähnten Punkte bei deiner Entscheidung berücksichtigen, ob du dich mit dem System eines Unternehmens identifizieren kannst.

Willst du beispielsweise international agieren und im Network-Marketing aktiv sein und mit einem Unternehmen weltweit wachsen, ist eine Firma, die ausschließlich im deutschsprachigen Raum operiert – selbst wenn sie das sehr erfolgreich tut –, nicht das Richtige für dich. Um internationales Potenzial ausschöpfen zu können, muss die entsprechende Infrastruktur gegeben sein, damit du relativ rasch in den jeweiligen Ländern agieren, Geschäftspartner ausbilden und Endkunden mit Produkten beliefern kannst, die obendrein in ihrem Land von einem eigenen Servicecenter, wo ihre Sprache gesprochen wird, betreut und versorgt werden.

Vor einigen Jahren haben wir ein neues Mitglied in unser Team aufgenommen. Robin ist Multi-Unternehmer, Immobilien-Investor und war bereits seit vielen Jahren im Network-Marketing aktiv. Lange investierte er in den Aufbau seines Geschäfts und erzielte große Erfolge im Produkt-Network-Marketing. Allerdings war er damit nicht glücklich und suchte den Weg zu uns. Denn seinem Business fehlte ein dynamisches System, das sich stetig weiterentwickelt. Ein System, das sich permanent an die aktuelle Wirtschaftslage anpasst. Ein System mit Unternehmern und Führungskräften. Mittlerweile ist Robin eine vorbildliche Führungskraft in unserem Team und inspiriert täglich eine Vielzahl an Menschen. Er vermag es, sie davon überzeugen, über professionelles Network-Marketing mehr Zeit, Geld und Lebensqualität zu erzielen.

Ein weiteres Beispiel ist die Geschichte unseres Teampartners Rainer. Er ist 63 Jahre alt und Unternehmer. Im Alter von 50 Jahren wurde er zum Weltenbummler und lebte zuletzt abwechselnd auf drei Kontinenten – in Deutschland, Südafrika und Denver, Colorado. Er lebte von seinen Ersparnissen und arbeitete nebenbei.

Doch sein Plan ging nicht auf, denn nach dem letzten Börsencrash waren seine Aktion plötzlich nur noch die Hälfte wert. Zudem meldete ein Hauptmieter seiner Immobilien Insolvenz an und konnte dadurch seine Miete nicht mehr bezahlen. Rainer musste folglich umdenken und neu planen. Auf der Suche nach möglichen Lösungen wurde er auf Network-Marketing aufmerksam. Zunächst startete er mit einer anderen Firma, die aufs Beratergeschäft fokussiert war. Dann lernte er unser Konzept kennen. Heute ist er immer noch auf drei Kontinenten zu Hause und als Networker in mehreren Ländern aktiv.

Network-Marketing polarisiert heutzutage wie kaum eine andere Branche. Das liegt daran, dass es in Zeiten von Social Media, in denen fast jeder einen Facebook-, Instagram- oder anderen Social-Media-Account besitzt, sehr einfach ist, Menschen zu kontaktieren und Botschaften an eine große Zielgruppe zu kommunizieren. Doch es ist auch relativ einfach geworden, einen Fake-Lifestyle zu inszenieren. Aber die Menschen bekommen das mittlerweile rasch mit und finden immer schneller die Wahrheit heraus. Deshalb ist es wichtig, transparent zu sein. Denn mit wenigen Mausklicks ist überprüfbar, ob das, was jemand publiziert, wirklich stimmt.

Das Internet ist voll von Networkern, die ihre Geschäftsmodelle vorstellen, die vermeintlich schnell zu

Erfolg und Reichtum führen, aber in der Regel alles andere als professionell, nachhaltig und seriös sind. Alle, die im Network-Marketing tatsächlich erfolgreich sind, haben lange Zeit hart dafür gearbeitet. Unter denen, die langfristig große Umsätze und ein respektables Einkommen erzielen, gibt es niemanden, absolut keinen, der weniger als drei bis fünf Jahre im Vorfeld darin investiert hat. Darum ist es so wichtig, dass du ein System, das dir interessant erscheint, eingehend prüfst. Schau genau hin, überprüfe die Network-Person, das Network-Unternehmen, das, was beide verkörpern, das Ausbildungssystem und die Markenbotschaften. Passt all das zu deiner Ausgangssituation, deinen Zielen, deiner Philosophie und deinen Werten und kannst du zu 100 Prozent dahinterstehen?

Auf die Plätze, fertig, los! – Voraussetzungen, um im Network-Marketing zu starten

Eine ganz wichtige weitere Frage, die du dir unbedingt stellen solltest, ist, ob du überhaupt Zeit für Network-Marketing hast. Denn viele beruflich erfolgreiche Menschen opfern für diesen Erfolg Zeit, Lebensqualität und Gesundheit. Sie bauen Großkonzerne auf, führen riesige Unternehmen, verdienen viel Geld, haben mehrere Wohnsitze, fahren Sportwagen, tragen Maßanzüge und teure Uhren. Aber sie haben eines nicht: Lebensfreude und Lebensqualität. Sie haben keine Zeit für ihre Kinder, keine Zeit für ihre Lebensträume, die sie einmal hatten, und sind gefangen im Hamsterrad, aus dem sie nicht mehr herausfinden. Viele von ihnen starten genau aus diesem Grund im Network-Marketing. Sie wünschen sich mehr Zeit, mehr Lebensqualität, mehr Flexibilität, mehr Selbstbestimmung, mehr Freiheit und natürlich auch mehr Geld.

Mit einem professionellen, nachhaltigen Network-Marketing-System arbeitest du mit einem fertigen, funktionierenden Prinzip, das du auf dich, deine Ausgangssituation, deine Fähigkeiten und Ziele anpassen kannst. Die meisten starten jedoch zunächst nebenberuflich mit dem Network-Marketing, als Quereinsteiger. Denn sie wollen gern weiterhin in dem Business, in dem sie bislang aktiv waren, tätig sein. Da Network-Marketing ein leicht skalierbares Geschäft ist, kann man damit schnell und einfach Umsätze und Gewinne generieren. Diese reinvestieren die meisten dann in Dinge, die für sie persönlich wichtig sind. Häufig wird aus dieser nebenberuflichen Tätigkeit nach wenigen Jahren der Haupterwerb.

Du kannst also sehr gut nebenberuflich mit dem Network-Marketing starten und dir mit einer zeitlichen Investition von wenigen Stunden pro Woche etwas aufbauen. Nach einem halben oder ganzen Jahr überprüfst du dann, welchen Profit dieses Engagement gebracht hat. Was musstest du tun, um das von dir gewählte Unternehmen nach oben zu skalieren, ohne dafür Fixkosten zu erzeugen oder für Geld Zeit einzutauschen? Anhand dessen kannst du entscheiden, ob du mehr Zeit in dieses System investieren oder sogar eine hauptberufliche Tätigkeit daraus machen möchtest. Die Antwort auf die Frage, ob du Zeit für Network-Marketing hast, dreht sich folglich darum, ob du ein paar Stunden pro Woche übrig hast, um dir etwas aufzubauen, um zukünftig mehr Zeit für deine privaten Ziele und Träume zu haben.

Neben ein paar Stunden Zeit pro Woche benötigst du auch ein wenig Startkapital. Im Vergleich zum Aufbau eines herkömmlichen Unternehmens sind die Kosten, um im Network-Marketing zu starten, aber ein Klacks. Um ein Unternehmen im produzierenden Gewerbe aufzubauen, brauchst du normalerweise zunächst Inventar – von den Büromöbeln bis zum Tacker –, ein Lager für Produkte, Maschinen – die auch einen (Lager-)Platz benötigen –, Angestellte und eine Lizenz. Du musst Werbung finanzieren, damit die Leute auf dein Unternehmen und deine Produkte aufmerksam werden. Und noch vieles mehr. Für all das musst du erst mal einen Kredit aufnehmen. Hinzu kommt, dass du keinen Mentor an deiner Seite hast. Das heißt, du hast keine Sicherheit. Du hast einen teuren Kredit aufgenommen, aber gleichzeitig niemanden, der dich unterstützt. Wenn irgendetwas schiefgeht, haftest du für alles selbst. Um ein kleines Unternehmen aufzubauen, benötigst du etwa 30.000 Euro, für ein mittelständisches Unternehmen etwa 500.000 Euro und für eine größere Firma mindestens zwei Millionen Euro.

Daher stellt sich zunächst einmal die Frage, wie du all das überhaupt finanzieren kannst, bevor du dich darauf konzentrieren kannst, das Unternehmen aufzubauen und Umsatz und Gewinn zu erwirtschaften. Du musst also zuallererst Investoren finden. Diesen gibst du in der Regel Firmenanteile ab. Das bedeutet, dass dein Unternehmen schon nicht mehr dir allein gehört, bevor es überhaupt angelaufen ist.

Beim Network-Marketing hingegen musst du vor allem Wissen und Zeit investieren. Geld brauchst du anfangs nur, um einige Produkte zu kaufen, das heißt, um dir eine Warengrundausstattung für den Geschäftsstart anzuschaffen. Diese kostet dich ein paar hundert bis ein paar tausend Euro, mehr nicht. Alles, wirklich alles andere ist schon abgedeckt: Logistik, Marketing, Infrastruktur etc. Das Einzige, was du benötigst, sind einige Artikel zum Verschenken, Verteilen und Verkaufen.

Denn wenn du eine Vertriebsstruktur aufbaust, gehört das Verteilen von Produkten logischerweise dazu. Das Verteilen der Produkte ist folglich die Konsequenz des Vertriebsaufbaus. Hast du kein Produkt parat, kann auch keiner ein Produkt kaufen. Hast du hingegen einen großen Vorrat an Produkten, kannst du jederzeit Produkte weitergeben und potenziellen Kunden und Interessenten einen Artikel zum Probieren schenken. Für diesen kleinen Warenbestand benötigst du jedoch definitiv kein eigenes Lager. Die eigentliche Vorratshaltung der Produkte, die du vermarktest, übernimmt vollständig die Firma, für die du als Networker tätig bist, für dich. Alles andere, was mit dem Produktverkauf zusammenhängt, – Produktentwicklung, Produkttests, Produktsicherheit, Logistik, Verpackung, Versand, Abrechnung, Retourenbearbeitung, rechtliche Fragen, Qualitätssicherung etc. – übernimmt ebenfalls deine Partnerfirma.

Was du allerdings tun musst, ist, ein Gewerbe anzumelden für deine Tätigkeit im Network-Marketing. Denn natürlich musst du deine Einnahmen versteuern. Auch wenn dein Network-Marketing-Business all die physischen Merkmale eines klassischen Unternehmens nicht besitzt, so ist es doch ein Unternehmen mit Gewinnerzielungsabsicht. Deshalb musst du einen ordnungsgemäßen Steuerabschluss vorlegen und auf deine Gewinne Steuern zahlen. Es empfiehlt sich allerdings, einen Steuerberater damit zu beauftragen, am besten einen, der sich mit Network-Marketing auskennt. Denn als Unternehmer kannst du unzählige Steuervorteile nutzen, die du als Arbeitnehmer nicht hast. Damit kennt sich ein Profi am besten aus, daher gib deine Buchhaltung und Steuererklärungen in die Hände eines Steuerberaters. Die Kosten für diesen bekommst du um ein Vielfaches zurück und obendrein sparst du Zeit und Nerven, die es dich kosten würde, dich selbst durch den Regel- und Vorschriftendschungel zu kämpfen.

Dein Job – wie Network-Marketing funktioniert

Network-Marketing ist eine Vertriebsform, wie zum Beispiel auch Online-Marketing. Es handelt sich dabei um einen Direktvertrieb im E-Commerce. Das Grundgerüst des Network-Marketings, das auch als Empfehlungsmarketing bezeichnet wird, ist ein erprobtes System, das jeder für sich nutzen kann. Ein klassisches Unternehmen investiert Millionen oder gar Milliarden von Euro in Vertrieb und Marketing. Und genau diese beiden Bereiche deckst du mit Network-Marketing ab. Du suchst und findest Kunden und Vertriebspartner, die von den Produkten, die du vertreibst, begeistert sind und diese weiterempfehlen. Dafür bekommst du Geld. Du erhältst dabei die Summen, die normalerweise für Großhandel, Zwischenhandel, Einzelhandel, Marketing, Vertrieb und Personalabteilung ausgegeben würden. Deswegen ist es deine Aufgabe, jeden Tag so viel wie möglich Kunden und vor allem Vertriebspartner für deine Partnerfirma zu akquirieren.

Die meisten Trends stammen heutzutage aus den USA. In den letzten fünf Jahren war Online-Marketing das große Ding, in den nächsten fünf Jahren wird es Network-Marketing sein. In den USA hat bereits jeder Dritte ein Direkt-, MLM-, Struktur- oder Network-Marketing-

Vertriebsunternehmen. In Deutschland ist es noch nicht mal jeder 30. Das Potenzial ist also riesig. Wenn du folglich in der Hälfte der Zeit das doppelte Einkommen erzielen willst, ohne für Geld Zeit einzutauschen, und du gleichzeitig den Ertrag deiner Arbeitszeit multiplizieren möchtest, ohne dabei Fixkosten zu erzeugen, ist Network-Marketing wahrscheinlich genau das Richtige für dich.

Sämtliche Faktoren, die ein klassisches Unternehmen skalierbar machen, also für mehr Umsatz sorgen, entfallen hierbei nämlich. Fixkosten, zum Beispiel für Mitarbeitergehälter oder Raummieten, fallen nicht an. Network-Marketing basiert auf einem fertigen System, dass jeder an seine Ausgangssituation, seine Fähigkeiten und seine Ziele anpassen kann. Mit einem guten Network-Marketing-System erzielst du mit minimalem Zeitaufwand ein maximales Ergebnis. Schon mit einem Einsatz von nur fünf Stunden pro Woche kannst du jeden Monat ein residuales Einkommen erwirtschaften.

Als Networker arbeitest du für eine Company, die im besten Fall eine international etablierte Marke innerhalb einer bestimmten Branche ist. Dieses Unternehmen kümmert sich um Produktentwicklung und Forschung und übernimmt den Innendienst. Du promotest und vertreibst folglich ein etabliertes, funktionierendes Produkt. Daneben vermarktest, promotest und vertreibst du aber auch das Geschäftsmodell an sich. Denn du generierst Provisionen nicht nur über Verkäufe, sondern ebenso über deine Partner, indem diese wiederum neue Partner aufbauen und Produkte an Endkunden promoten und vertreiben. In aller Regel sind dies Produkte des täglichen Bedarfs, die ständig verbraucht werden und daher nachgekauft werden müssen, wie zum Beispiel aus den Bereichen Lebensmittel, Getränke, Nahrungsergänzungsmittel, Pflege, Beauty und Gesundheit. Kunden werden also immer wieder und folglich regelmäßig bestellen und nachkaufen. Dein Job ist demnach die Promotion, das Empfehlen.

Der klassische Vertriebsweg eines Produkts beginnt bei einem Produzenten, der es herstellt. Dieser liefert es anschließend an Großhändler, die es kaufen und mit einer Gewinnspanne an kleinere Unternehmen weitergeben, die sie dann an die Endkunden verkaufen. Die Gewinnspanne steigt durch die Preisstaffelung mit jedem dieser Prozessschritte. Network-Marketing basiert nun darauf, dass diese Prozessschritte wegfallen. Das heißt, ein Networker, also du, kauft direkt beim Produzenten oder beim Großhändler ein. Die Gewinne, die normalerweise an den einzelnen Stellen des Vertriebsprozesses von den verschiedenen Unternehmen verdient werden, bekommst dann ausnahmslos du. Network-Marketing wird daher häufig auch als Volks-Franchising bezeichnet.

Wenn du wirklich durchstarten willst, benötigst du ein Team, das mindestens aus einem, besser zwei Dutzend Personen besteht, die Network-Marketing hauptberuflich und in Vollzeit betreiben. Das heißt, die Teammitglieder machen den ganzen Tag nichts anderes, als Vertriebsstrukturen und Vertriebssysteme aufzubauen und Vertriebspartner zu suchen, die dir beim Aufbau deines Geschäfts helfen. Das ist einer der größten Unterschiede zum herkömmlichen Unternehmertum. Denn dort ist die Konkurrenz groß und die einzelnen Führungskräfte versuchen, sich gegenseitig auszustechen.

Das große Plus: ein kostenloser Mentor

Im Network-Marketing bekommst du hingegen sogar kostenlos einen Mentor zur Seite gestellt. Bezahlt wird er auf Provisionsbasis von dem Unternehmen, für das ihr beide Network-Marketing betreibt. Nicht du finanzierst ihn also, sondern das Unternehmen. Aufgrund dieser Entlohnung auf Provisionsbasis hat dein Mentor allergrößtes Interesse daran, dass du möglichst viel Umsatz generierst und dass es dir persönlich gut geht mit dem Geschäftsmodell. Deswegen übernimmt er gemeinsam mit seinem Team die gesamte Aus- und Weiterbildung für dich und alle Vertriebspartner, die du akquirierst.

Das heißt, dein Job besteht ausschließlich darin, Menschen zu kontaktieren und zu informieren sowie die Zusammenarbeit mit deinem Mentor zu promoten. Du brauchst keine Präsentation zu halten und musst dich nicht wochen-, monate- oder gar jahrelang einarbeiten wie in einem anderen Beruf. In keinem anderen Bereich kannst du so einfach ohne Ausbildung starten und nach dem Prinzip „learning by doing" sofort in die Umsetzung kommen und Geld verdienen. Dank dieses Prinzips ist es im Network-Marketing möglich, viel schneller große Gewinne zu erzielen als mit einem klassischen Unternehmensmodell.

Das sorgt obendrein dafür, dass auch andere Menschen mit dem Geschäftsmodell rasch erfolgreich sind, weil sie eben nicht erst lernen müssen, gut zu präsentieren. Denn das übernehmen zunächst die Top-Führungskräfte des Unternehmens.

Ebenso unterstützt dich dein Mentor dabei, sowohl on- als auch offline Kontakte zu knüpfen, dein Marketing zu gestalten und erste Kunden zu akquirieren. Er erklärt dir, wie du vorzugehen hast, wenn jemand das Produkt, das du vertreibst, kaufen möchte, wie du Fragen dazu beantwortest und was du tun musst, wenn jemand als Networker einsteigen will.

Der perfekte Networker – für wen Network-Marketing geeignet ist

Um zu erkennen, für wen Network-Marketing geeignet ist, zerlegen wir das Wort mal in seine Bestandteile: Network und Marketing. Das heißt, es geht darum, ein Netzwerk (engl. Network) aufzubauen, innerhalb dessen Marketing betrieben wird. Deshalb haben vor allem Menschen, die andere Menschen und den Kontakt mit Menschen mögen, Spaß an Network-Marketing. Magst du keine Menschen, ist Network-Marketing für dich nicht wirklich gut geeignet. Bezüglich des Marketing-Anteils ist es von Vorteil, Marketing-Kenntnisse mitzubringen – vor allem zur Lead-Generierung, Kontakt- und Partnergewinnung.

Ein weiterer wichtiger Punkt ist, dass Network-Marketing eine Vertriebsform ist. Auch Erfahrungen im Vertrieb oder im Verkauf bilden folglich eine gute Basis, um ins Network-Marketing einzusteigen. Denn ein Networker macht in etwa den gleichen Job wie ein Vertriebsleiter in einem „herkömmlichen" Business – er hat eigene Kunden und baut sich ein Vertriebsteam auf. Da ein Networker zudem nach einiger Zeit als Coach für alle, die neu in sein Netzwerk eintreten, fungiert, ist eine weitere wichtige Voraussetzung, um im Network-Marketing erfolgreich zu sein, der Spaß daran, Menschen etwas beizubringen, sie zu coachen sowie auf Veranstaltungen und bei Onlinetrainings vor anderen zu sprechen.

Network-Marketing eignet sich also für alle, die als Coach, als Mentor tätig werden wollen, und dabei auf den Vertrieb konzentriert und vor allem leistungs- und provisionsabhängig arbeiten möchten.

Außerdem ist dieses Business perfekt für jemanden, der nebenberuflich in die Selbstständigkeit starten möchte. Die meisten Networker arbeiten zunächst (oder auch für immer) weiterhin in ihrem Hauptberuf und bauen das neue Business nebenbei auf. Denn um als Unternehmer erfolgreich zu sein, müssen viele Dinge gelernt werden. Network-Marketing eignet sich dafür ideal, weil es eine Art unternehmerische Grundausbildung bietet. Alle Basic-Skills, die für die Führung einer Firma benötigt werden, können im Network-Marketing erworben werden, und zwar in sämtlichen Bereichen von Kundengewinnung, über Vertrieb und Marketing bis hin zur Organisation.

Für wen im Umkehrschluss Network-Marketing überhaupt nicht geeignet ist, sind eher introvertierte Menschen, die ungern mit anderen zusammenarbeiten, aber gern alleine vor dem PC sitzen und programmieren oder die Buchhaltung erledigen.

Wenn du im Network-Marketing starten willst, solltest du daher die Fähigkeit und vor allem auch das Verlangen mitbringen, mit anderen Menschen zu kommunizieren, mit ihnen zusammen etwas aufzubauen, etwas zu erschaffen.

Ideal eignet sich Network-Marketing deshalb vor allem für Unternehmer, Vertriebler und Führungskräfte. Denn du baust eine eigene Vertriebsorganisation auf. Dafür ist es hilfreich, sich bereits mit Vertrieb und Organisation auszukennen. Deine eigene Vertriebsorganisation und ein funktionierendes Team aufzubauen, ist natürlich viel, viel leichter, wenn du zuvor schon Personal betreut, eine Abteilung geleitet oder Mitarbeiter geführt hast. Auch wenn du schon einmal im Marketing gearbeitet hast, besitzt du bereits wertvolles Vorwissen. Du weißt, dass in der Regel ein Produkt gegen Geld getauscht wird. Und du weißt auch, wie du ein Produkt so präsentierst, dass es bei anderen Begehrlichkeiten weckt. Selbstständige Unternehmer wiederum sind für Network-Marketing optimal geeignet, weil auch sie sich mit Vertrieb und Marketing auskennen, aber vor allem weil sie es bereits gewohnt sind, selbstständig zu arbeiten und frei zu sein. Das ist deshalb so ein großer Vorteil, weil wir von klein auf feste Strukturen vorgegeben bekommen. Schon im Kindergarten gibt es verschiedene Spielstationen, die nacheinander durchlaufen werden. Rausgehen, essen und trinken erfolgen zu festgelegten Uhrzeiten. Für das Bringen und Abholen gibt es Zeitfenster.

Im Network-Marketing gibt es solche vorgegebenen Strukturen nicht. Es kommt niemand um sechs Uhr in der Früh an dein Bett, weckt dich und fordert dich auf, arbeiten zu gehen. Es kommt auch keiner abends um 18:00 Uhr und sagt, dass du Feierabend machen kannst. Sondern du bist vollständig dein eigener Herr. Du bist absolut frei und triffst jede Entscheidung selber. Mit dieser Freiheit muss man erst mal umgehen können. Denn was zunächst ein großer Vorteil zu sein scheint, kann zu einer echten Herausforderung werden – gerade im Network-Marketing. Die eigene Zeit selbst effizient zu planen, fällt nicht immer leicht. Dafür musst du bei dir das Bewusstsein schärfen, dass nicht die Zeit zählt, die du im Büro bei der Arbeit mit augenscheinlich aktiven Tätigkeiten verbringst, sondern dass am Ende nur der Teamumsatz und die Bonusauszahlung zählt. Das heißt, es zählt nur das, was dupliziert werden kann, was andere Partner nachmachen können und außerdem wie viel Gewinn, wie viele Leads, wie viele neue Kunden, wie viele neue Partner du akquirierst. Mit dieser Herausforderung des Kreisens in der eigenen Welt, kommen Selbstständige und Unternehmer natürlich leichter klar als jemand, der zuvor festangestellt war. Diese Freiheit ist zudem ein riesiger Vorteil. Denn du kannst dadurch von jedem Ort der Welt aus arbeiten und Geld verdienen. Du kannst sogar reisen und die Zeit trotzdem effektiv nutzen und nebenbei weiterhin Gewinne erwirtschaften.

Auch Selbständige stehen dennoch vor einer Herausforderung, wenn sie ins Network-Marketing einsteigen, und zwar genau andersherum. Denn wer immer nur tut und lässt, was er möchte, muss erst mal lernen in duplizierbaren Systemen zu denken und seine eigenen Zeitfenster in den Arbeitsabläufen zu planen. Dazu gehören Disziplin, eine gute Selbstorganisation und Planungstalent. Der größte Nachteil des Network-Marketings ist also zugleich dessen größter Vorteil: die totale Freiheit.

Das perfekte Unternehmen – wen du dir als Partner aussuchen solltest

Der wichtigste Faktor, um ein erfolgreiches Network-Marketing-Business aufzubauen, ist die Partnerfirma. Diese sollte bereits seit mindestens zwanzig Jahren am Markt sein. Denn 95 Prozent aller Network-Marketing-Firmen gehen in den ersten fünf Jahren am Markt bankrott, weitere zwei Prozent in den folgenden fünf Jahren. In den ersten zehn Jahren verschwinden also über 97 Prozent der Unternehmen vom Markt. Suche dir daher ein Unternehmen aus, das schon lange besteht. Nur dann ist gewährleistet, dass dieses seinen Fokus auf Langfristigkeit ausgerichtet hat, und du kannst davon ausgehen, dass die Firma auch weitere zwanzig Jahre existieren wird. Denn du musst dir zunächst einmal einen Kundenstamm aufbauen. Diesen möchtest du dann natürlich möglichst ein Leben lang halten. Nichts ist demotivierender, als mit viel Engagement eine Vertriebsorganisation zu erschaffen und wenn es richtig losgehen könnte, sind das Partnerunternehmen und somit die Kunden nicht mehr da.

Ebenfalls sollte es sich um ein seriöses Unternehmen mit seriösen Produkten handeln. Schau dir auch die Umsatzzahlen des Unternehmens an. Entscheide dich möglichst für eine Firma, die mindestens eine Milliarde Euro Umsatz pro Jahr macht. Das ist wichtig, weil im Network-Marketing meist physische Produkte vertrieben werden. Und diese müssen zunächst einmal produziert werden. Deshalb sollte das Unternehmen, das du dir aussuchst, eine stabile Produktionskette haben. Denn nur so können genügend Produkte hergestellt werden, um auch, wenn dein Business stark wächst, alle Kunden beliefern zu können. Dafür müssen obendrein Strukturen für Logistik, Buchhaltung, Provisionierung der Partner, also das gesamte Backoffice, vorhanden sein. Und dafür wiederum ist ein gewisses Budget vonnöten.

Des Weiteren ist maßgeblich, mit wem du dein Network-Marketing-System aufbaust. Wer ist dein persönlicher Mentor? Wer sitzt im Vorstand der Partnerfirma? Welche Art von Unternehmen ist es? Vor allem solltest du dir deinen Mentor sorgfältig aussuchen, denn von ihm lernst du. Dein Mentor ist meist deine direkte Bezugsperson, mit dem CEO, dem Geschäftsführer oder dem Gründer deines Partnerunternehmens wirst du so gut wie nie zu tun haben, weil dieses dafür schlicht zu groß ist.

Auch die Vertriebspartner sind entscheidende Faktoren. Bringen sie Erfahrung mit? Besitzen wichtige Soft Skills und Empathie? Sind sie sympathisch?
Letzteres ist nicht zu unterschätzen, da du eng mit ihnen zusammenarbeiten wirst.

Der alles entscheidende Faktor, mit dem ein erfolgreiches Network-Marketing-Business steht und fällt, ist allerdings das Produkt. Deshalb werden wir darauf nun etwas genauer eingehen.

Das perfekte Produkt – was du vermarkten solltest

Ein ganz wichtiger Punkt bei diesem Geschäftsmodell ist, dass du als Networker nie festangestellt bist und kein festes Gehalt bekommst. Stattdessen wirst du ausschließlich nach Leistung bezahlt. Daher ist es ganz wichtig, für dein Business auf ein selbsterklärendes Produkt mit extrem hoher Nachfrage und vor allem einer hohen Nachkaufrate zu setzen. Das heißt, Produkte, die in aller Regel nur einmal erworben oder sehr selten nachgekauft werden, eignen sich weniger für Network-Marketing als Produkte, die öfter gekauft werden. An einem Hausverkauf verdienst du beispielsweise nur ein einziges Mal Geld und danach nie wieder. Deshalb kannst du damit niemals eine passiv arbeitende Struktur aufbauen. Ein Verbrauchsprodukt hingegen, wie zum Beispiel Benzin, Shampoo, Zahncreme, Seife, Getränke, also alles, was Menschen regelmäßig konsumieren und folglich öfter kaufen müssen, ist ideal für diese Vertriebsart geeignet. Zudem sind diese Produkte selbsterklärend, weil die Kunden sie schon kennen und nicht erst neu kennenlernen müssen. Obendrein gibt es bei diesen Artikeln eine extrem hohe Nachfrage, weil sie immer wieder gekauft werden.

Nur mit Verbrauchsprodukten erzielst du folglich irgendwann ein passives Einkommen. Autos zum Beispiel sind tolle Produkte, aber für eine ganz andere Vertriebsart, weil sie zum einen hochpreisig sind und zum anderen nur sehr selten wiedergekauft werden. Für dein Network-Marketing-System benötigst du ein Produkt im unteren Preissegment. Denn je niedrigpreisiger ein Artikel ist, desto leichter kannst du neue Kunden und Partner akquirieren. Das heißt nicht, dass es ein billiges Produkt sein soll, sondern ein Produkt mit einem niedrigen Einstiegspreis. Es sollte maximal 100 Euro kosten. Alles, was darüber hinausgeht, kann nur mit entsprechendem Hintergrundwissen verkauft werden. Dafür werden externe Schulungen und ein Weiterbildungsapparat benötigt. Das ist für die Duplikationen im Network-Marketing völlig ungeeignet, denn das Produkt soll schließlich von einem Partner zum nächsten weitergegeben werden können, und zwar zeitnah. Das ist mit einem hochpreisigen Artikel nicht möglich. Ein solcher eignet sich eher für den direkten Vertrieb, wo das meiste Geld an Kunden und nicht an neuen Vertriebspartnern, die mit ins System integriert werden, verdient wird.

Kommunikation ist alles – wie du potenzielle Kunden und Partner erreichst

Um potenzielle Kunden und Partner zu erreichen, solltest du die Möglichkeiten des Online-Marketings für dein Network-Marketing-Business nutzen. Dabei ist grundlegend zu unterscheiden, ob du Online-Marketing für dein bestehendes oder für ein neues Team nutzt. Es war auf jeden Fall noch nie so einfach wie heute, viele Leute an einem „Ort“ zu versammeln. Früher hätte man, um ein Network-Marketing-Business aufzubauen, was nicht ohne persönliche Kontakte geht, jedes einzelne (potenzielle) Teammitglied anfahren und ansprechen müssen. Man wäre durch hunderte Hotels und hunderte Wohnungen getingelt und hätte jeden Tag mehrere Präsentationen an verschiedenen Orten machen müssen. Oder man hätte unpersönliche und damals vor allem noch teure Telefonkonferenzen abhalten müssen. Genau deshalb boomt diese Vertriebsart in der heutigen Zeit dank all der Chancen und Möglichkeiten, die das Internet bietet. Heute gibt es Tools wie Zoom, Google Hangout und viele weitere, die einen Online-Konferenzraum anbieten. Dort können sich Hunderte oder sogar Tausende Leute gleichzeitig treffen.

Wenn du schon einmal ein Seminar mit 1.000 Teilnehmern organisiert hast, weißt du, wie viel Arbeit das ist. Mit einem Tool wie Zoom kannst du hingegen mit all diesen Teilnehmern ganz einfach und vor allem gleichzeitig online kommunizieren. Wenn du dann noch mehrere Meetings pro Woche abhältst, erzielst du eine Reichweite, für die man früher wahrscheinlich ein ganzes Eventbüro benötigt hätte. Deswegen gab es noch nie einen besseren Zeitpunkt für Online-Marketing im Network-Marketing als jetzt. Solche Online-Konferenzen bieten dir ideale Möglichkeiten, um mit einem bestehenden Team zu kommunizieren. Und für neue und vor allem potenzielle Partner war es noch nie so einfach, mit Menschen in Kontakt zu kommen. Selbst eher introvertierte Charaktere haben auf diese Weise die Chance, im Network-Marketing erfolgreich zu sein. Denn sie können ganz viele Menschen ganz einfach erreichen, ohne ihnen live gegenüberstehen zu müssen.

Obendrein spart diese Kommunikationsform enorm viel Geld. Denn du musst eben nicht mehr in der Welt herumreisen, um jemanden zu „treffen". Du kannst folglich mit ganz wenig Geld und sehr geringen Investitionen sehr viel erreichen. Du kannst dich mit äußerst wenig Aufwand international vernetzen. Und auch viele einflussreiche Personen sind heutzutage im Network-Marketing aktiv und geben ihre Erfahrungen weiter.

So schreibt zum Beispiel der Amerikaner Robert Kiyosaki, der wohl erfolgreichste Finanzbuchautor aller Zeiten, in einem seiner Bücher, Network-Marketing sei das Geschäft des 21. Jahrhunderts und biete die Möglichkeit, sich seine persönlichen Lebensträume zu erfüllen, ohne riesige Investitionen tätigen zu müssen und hohe Fixkosten zu haben.

Auch zahlreiche weitere erfolgreiche Unternehmer wissen um die Vorteile des Network-Marketings, so zum Beispiel:

Bodo Schäfer, der Top-Coach Deutschlands

Jürgen Höller, Deutschlands Motivationstrainer Nummer 1

Hermann Scherer, Top-Speaker und mehrfacher Bestseller-Autor

Marc Galal, Motivationscoach

Mike Dierssen, Verkaufsprofi

Sie und viele andere bekannte Persönlichkeiten empfehlen Network-Marketing. Darauf kannst du verweisen, wenn du potenzielle Interessenten auf eine Veranstaltung einlädst.

Das ist ein enormer Werbeeffekt und ungefähr so, als wenn du ein Autobauer wärst und jede Autozeitung Deutschlands würde dein neuestes Modell auf dem Titel abbilden und berichten, dass es das beste Auto sei, das jemals auf den Markt gekommen ist. Um die Effekte des Online-Marketings für dein Network-Marketing-Business zu nutzen, solltest du allerdings zusammen mit deinem Mentor eine persönliche Social-Media-Strategie erstellen.

Social-Media-Plattformen – die richtigen Netzwerke für dich und dein Business

Ob du Instagram, Facebook, YouTube, LinkedIn oder einen ganz anderen Kanal für deine Zwecke nutzt, hängt vor allem von deinen individuellen Vorlieben und Bedürfnissen ab. Das heißt, zu jedem Networker passt eine andere Plattform, eine andere Strategie, eine andere Herangehensweise. Und dank deines Teams und eines erfahrenen Mentors hast du immer jemanden an deiner Seite, der sich mit den einzelnen Plattformen auskennt. Das beschleunigt deinen persönlichen Erfolg enorm.

Wofür auch immer du dich schlussendlich entscheidest: Auf Facebook und Instagram solltest du auf jeden Fall aktiv sein. Denn dies sind die beiden meistgenutzten Netzwerke der Welt. Beide Plattformen sind kostenlos, sodass du direkt anfangen kannst, Beiträge zu posten.

Teile mit der Community, was dich persönlich beschäftigt, wer du bist, was du tust. Ein paar Grundregeln solltest du dabei allerdings unbedingt beachten.

1. Es heißt Social Media, nicht Sales Media.

Das heißt, du solltest diese Netzwerke nicht nutzen, um anderen deine Produkte anzudrehen. Deswegen sind auf deinem persönlichen Account Produktposts absolut verboten. Networker sind schließlich keine Produktverkäufer, sondern Vertriebler, die eine Vertriebsorganisation aufbauen und leiten. Deshalb solltest du Social Medial nur dafür nutzen, Geschäftsanfragen zu generieren. Den Abschluss tätigst du aber immer am Telefon. Stelle also keine Produkt-Postings ein. Pack stattdessen so viel Persönlichkeit und Herzblut wie möglich in dein Profil. Denn die Leute wollen mehr über dich erfahren. Sie wollen wissen, welche Hobbys, welche Stärken und Schwächen du hast, welches Essen dir schmeckt, wohin du gerne in Urlaub fährst, wie dein Privatleben aussieht, ob du Kinder hast etc. Alles, was anderen dabei hilft, sich ein Bild von dir zu machen, ist gut. Denn das schafft Verbindungen und Gemeinsamkeiten. Und ähnliche Persönlichkeitstypen verstehen sich gut. Menschen, die die gleichen Ziele, Visionen und Träume haben, haben auch immer ein gemeinsames Gesprächsthema.

Kommunizierst du also deine Ziele, Visionen und Träume auf deinen Social-Media-Profilen, erleichterst du es anderen Menschen sehr, dich persönlich zu kontaktieren. Überdies knüpfen Menschen starke Verbindungen über gemeinsame Hobbys, Leidenschaften oder andere Gemeinsamkeiten.

Ein Beispiel dazu: Stell dir vor, du bist ein Familienvater, arbeitest im Marketing und hast zwei Kinder im Alter von vier und acht Jahren. Ein anderer Vater ist vielleicht Vertriebsleiter und hat zwei Kinder im Alter von sechs und zehn Jahren. Was liegt näher, als sich zusammen auszutauschen? Ihr könnt euch über die besten Tricks, wie man Job und Familie unter einen Hut bringt, unterhalten. Ihr könnt euch Tipps geben, wie man es trotz 40-, 50- oder 60-Stunden-Woche schafft, ein gesundes Privatleben zu führen. Eventuell könnt ihr euch auch gegenseitig beraten, wie man es hinbekommt, obwohl man die Karriereleiter schon bis zur höchsten Stufe erklommen hat, nebenberuflich den Erfolg noch zu toppen.

Der beste Effekt deiner Social-Media-Präsenz ist allerdings der Werbeeffekt, den die Posts von deinem persönlichen Leben erzeugen. Denn du berichtest davon, was du alles unternimmst, was du jeden Tag machst und was du besitzt. All das kannst du dir nur dank deiner Einkünfte aus dem Network-Marketing leisten. Das heißt, diese Tätigkeit hat deinen Lebensstandard verändert.

Du kleidest nun deine Kinder zweimal im Jahr komplett neu ein, fliegst im Urlaub nach Dubai anstatt nach Italien, kaufst dir ein neues Auto, bezahlst dein Haus in bar ab oder beziehst eine größere Wohnung. Dein gesamter Lifestyle verändert sich dank Network-Marketing. Und die Dokumentation dessen ist das beste Rekrutierwerkzeug, das es gibt.

2. Social Media, speziell Facebook und Instagram, dienen ausschließlich der Kontaktaufnahme.

Um auf obiges Beispiel zurückzukommen, könnte das wie folgt ablaufen: Du begrüßt dein Gegenüber und erwähnst, dass du sein Profil gesehen hast. Anschließend gehst du darauf ein, dass ihr beide erfolgreiche Unternehmer seid und zwei Kinder und eine hübsche Frau habt. Und dann fragst du, was seine persönlichen Ziele für die nächsten 10, 20 und 30 Jahre sind. So weiß der andere sofort, was ihr gemeinsam habt und worüber ihr euch austauschen könnt. Außerdem wird er bereitwillig deine Frage beantworten und dir seine persönlichen Ziele und Träume mitteilen. Wahrscheinlich wird er danach ebenfalls wissen wollen, welche Ziele du hast und warum du ihn danach gefragt hast. Denn solche Fragen wird er eher selten aus seinem persönlichen Freundeskreis gestellt bekommen. Genau an diesem Punkt zeigt sich die Macht von Social Media und der dadurch möglichen Verknüpfung.

Man merkt bereits nach wenigen ausgetauschten Textzeilen, ob die Chemie stimmt. Und wenn du dich mit jemandem gut verstehst, werdet ihr sicher schnell den nächsten Schritt gehen und miteinander telefonieren, eine Verbindung aufbauen und Freunde werden. Denn Network-Marketing basiert gar nicht so sehr darauf, Leute im herkömmlichen Sinne zu rekrutieren. Es hat nichts mit engagiertem Vertrieb oder Verkauf zu tun. Sondern dein Erfolg in diesem Business hängt vor allem davon ab, wie gut du professionelle Freunde findest, neue Geschäftspartnerschaften und Netzwerke aufbaust.

Die am schnellsten wachsende Plattform ist derzeit Instagram, noch nie gab es eine Plattform, die so schnell gewachsen ist. Facebook ist zwar nach wie vor der absolute Riese im Internet und hat mehr Nutzer als Instagram, aber auf Instagram steigen die Nutzerzahlen täglich. Das liegt vor allem daran, dass Instagram sowohl die privateste Plattform als auch die mit der größten Initiativvielfalt ist. Du kannst dort Posts erstellen, die du mit kurzen Videos oder Fotos koppelst. Diese sind für jeden sichtbar und somit absolut öffentlich. Daher lassen viele Instagram-Nutzer sogar professionelle Bilder machen beziehungsweise ihre Fotos professionell bearbeiten, um einen möglichst perfekten Eindruck zu hinterlassen. All das hat den Zweck, einen kurzen Einblick ins eigene Leben zu gewähren.

Bei Instagram gibt es dabei zwei verschiedene Optionen, um Inhalte zu publizieren: Storys und Feeds. Anfangs gab es nur die Feeds, Storys kamen erst später hinzu, sind inzwischen aber eindeutig der Trend. Eine Story ist dabei nicht anderes als eine 15- bis 30-sekündige Sequenz aus deinem Privatleben. Und nichts ist für Menschen interessanter, als einen persönlichen Einblick in das Leben anderer zu bekommen. Das ist wie eine TV-Soap auf einer völlig neuen Ebene, bei der man jemanden beobachten kann bei allem, was er teilt: Wie er aufsteht, wie er ins Bett geht, wo er wohnt, welches Auto er fährt, was er isst, mit welchen Leuten er sich umgibt, was er macht. Egal, was es ist, du kannst es mit der Welt teilen. Die Spitze dieses Trends hin zu Instagram-Storys ist noch längst nicht erreicht. Denn wir Menschen sind Stalker. Wir lieben es, andere Menschen zu beobachten. Wir lieben es, zu sehen, was andere Menschen tun. Wir lieben es, einen Blick hinter die Kulissen zu bekommen. Denn anhand dessen erkennen wir, ob jemand authentisch ist. Jeder kann professionelle Fotos und Videos erstellen, aber niemand kann tagelang sein ganzes Leben faken. Deswegen ist Instagram eine der besten Plattformen.

Für dich als Networker gibt es noch eine weitere tolle Funktion: Du kannst jemandem DMs (direct messages), also persönliche Nachrichten, schreiben. Das heißt, wenn du jemanden mit einem qualitativ hochwertigen Profil siehst, der ähnliche Interessen hat wie du und mit dem du dir vorstellen könntest, eine Freundschaft beziehungsweise Beziehung aufzubauen, kannst du ihn ganz einfach per Instagram-DM anschreiben, eine Voice Message aufnehmen oder ihm ein kurzes Video schicken. Du kannst dich mit ihm persönlich unterhalten und dabei schauen, ob die Sympathie groß genug ist und ob ihr genügend Gemeinsamkeiten habt, um die Beziehung auf ein neues Level zu heben. Dann entscheidet ihr, ob ihr euch miteinander vernetzen wollt.

Nun gibt es neben Facebook und Instagram noch zahlreiche weitere Plattformen, darunter auch spezielle für berufliche beziehungsweise professionelle Kontakte, wie LinkedIn, Xing und Co. Wie gut diese für Network-Marketing funktionieren, wissen wir nicht, da wir noch nie über eine dieser Plattformen Kontakte geknüpft, geschweige denn Freunde gefunden haben. Nicht weil es nicht geht, sondern, weil es zu viel Zeitaufwand wäre, alle Plattformen gleichzeitig zu bedienen. Denn das ist ein ganz wichtiger Punkt: Konzentriere dich zunächst auf eine Sache und erst, wenn die funktioniert, nimm eine zweite hinzu, dann eine dritte und so weiter. Starte niemals mit allen Projekten gleichzeitig. Das gilt nicht nur für deine Social-Media-Präsenz.

Podcasts – deine Message direkt im Ohr deiner Zielgruppe

Es gibt noch ein Tool, das du unbedingt nutzen solltest und das unserer Meinung nach eine wahre Wunderwaffe ist: Podcasts. Deren Effekt wird meist unterschätzt. Dabei sind sie äußerst einfach zu bedienen ist, erzielen gleichzeitig enorme Reichweiten und sorgen vor allem dafür, dass du Anfragen bekommst. Podcasts sind eher ein passives Medium als ein aktives, denn sie funktionieren wie ein Radiosender. Podcasts sind das Radio der Zukunft und werden sicherlich irgendwann alle anderen Audio-Angebote ersetzen. Im Moment steigen bereits viele Leute von Hörbüchern auf Podcasts um, weil sie intuitiver, erfrischender, aktiver und vor allem aktueller sind. Die aktuellsten Trends, die neuesten Interviews und alles, was im Moment gerade passiert, werden über Podcasts kommuniziert. Gleichzeitig ist kein anderes Medium näher am menschlichen Gehirn als ein Podcast, der direkt über Kopfhörer ins Ohr geht. Solch ein innovatives Medium ist gerade für das Network-Marketing ideal, da darüber ein direkter Beziehungsaufbau möglich ist. Mit einem Podcast kannst du dich mit anderen verbinden und ihnen deine Inhalte vermitteln. Das heißt, du kannst beispielsweise über das Thema Network-Marketing an sich und Strukturvertrieb im Allgemeinen aufklären und die Hintergründe erläutern. Gleichzeitig sind Podcasts ein äußerst effektives Schulungs-Tool.

Denn andere Menschen können sich 24 Stunden am Tag, sieben Tage pro die Woche, völlig unabhängig von dir deinen Podcast anhören. Es ist daher absolut empfehlenswert, einen Podcast zu starten.

Offline kontakten – Seminare & Co.

Eine weitere Möglichkeit, um neue Menschen kennenzulernen, sind Seminare und Events. Der große Vorteil dabei ist, dass die Teilnehmer dort schon „vorgefiltert“ sind. Auf einem Seminar oder Event, dessen Inhalte dich interessieren, interessieren sich alle anderen für dieselben Inhalte, also Erfolg, Vertrieb, Unternehmertum, Umsatzgenerierung. Die Teilnehmer fahren teilweise mehrere Hundert Kilometer, um an einem Event teilzunehmen und verbringen dann zwei Tage in einer fensterlosen Halle. Wenn die nichts mit dir gemeinsam haben, wer dann? Wenn die nicht bereit sind, etwas Neues in ihrem Leben zu beginnen, wer dann? Wenn die nicht unzufrieden mit ihrem Leben sind und etwas verändern wollen, wer dann? Versteh das nicht falsch, auf Seminaren wirst du keine verzweifelten Menschen antreffen, die nach dem Heiligen Gral suchen. Sondern auf Seminaren triffst du Menschen, die fest im Leben stehen, einen guten Job im Vertrieb oder Marketing haben oder erfolgreiche Unternehmer sind und sich eine gut funktionierende Selbständigkeit aufgebaut haben.

Aber sie geben sich noch nicht zufrieden mit dem, was sie im Moment haben. Daher sind sie genau die richtigen Leute für Network-Marketing. Obendrein ist es nirgendwo einfacher und geht nirgends schneller, neue Kontakte zu knüpfen als auf einem Seminar. In einer Fußgängerzone jemanden anzusprechen, ist ziemlich unangenehm. Außerdem ist die Wahrscheinlichkeit groß, dass derjenige, den du ansprichst, gar keine Gemeinsamkeiten mit dir hat. Auf einem Seminar hingegen treffen sich Personen mit ähnlichen Interessen, die auch deshalb dort sind, weil sie sich ein neues Umfeld schaffen, neue Freunde finden und sich mit Gleichgesinnten austauschen möchten. Zudem liefert das Seminar direkt Gesprächsstoff. Du kannst mit Menschen, die du neu kennengelernt hast, sofort darüber diskutieren, wie ihr das Seminar findet, was ihr schon alles gelernt habt, mit welchem Ziel ihr auf dieses Seminar gefahren seid und was ihr beruflich macht.

Daher sind Seminare eine perfekte Plattform, um auf professionelle Art neue Freunde kennenzulernen und neue Beziehungen aufzubauen. Und währenddessen, also während du neue Leute kennenlernst, neue Freunde gewinnst, neue Beziehungen aufbaust, Kontakte für dein persönliches Network-Business knüpfst, bekommst du gleichzeitig noch ein großartiges Mindset vermittelt. Denn du bekommst neue Inhalte nahegebracht und kannst dich persönlich weiterentwickeln. Die Investition, die du für das Seminar tätigst, zahlt sich also doppelt und dreifach aus –

man könnte es daher auch bezahltes Lernen nennen. Du wirst mit Kontakten dafür bezahlt, dass du an dem Event teilnimmst und erhältst obendrein einen riesigen Motivationsschub.

Wie wichtig Kontakte und deren Pflege sind, kann ich, Jim, aus eigener Erfahrung berichten. Der größte Effekt der Kontaktaufnahme und -pflege ist, dass man selbst Menschen, die weit gebildeter sind als man selbst oder sogar schon Expertenstatus erreicht haben, für sein Netzwerk und seine Geschäftsidee gewinnen kann. Ein einschneidendes Erlebnis diesbezüglich hatte ich drei Monate nach meinem Start im Network-Marketing. Zu diesem Zeitpunkt war ich verzweifelt, denn ich hatte keine „offenen" Kontakte mehr und musste mir was einfallen lassen, um mein Geschäft weiter aufzubauen und gleichzeitig meine Verkaufsfähigkeiten noch mehr auszubilden. Ich fragte jeden erfolgreichen Unternehmer um Rat und erfuhr, dass die meisten Vertriebler an sogenannten Vertriebsschulungen teilnehmen. Daraufhin erkundigte ich mich nach Empfehlungen und bekam immer wieder den Namen Hermann Scherer zu hören. Er musste folglich die erste Adresse für mein Anliegen sein. Daher erwarb ich ein Ticket für ein High-Price-Training und reiste nach München. Ich war gerade 19 Jahre alt, fuhr einen alten, klapprigen Mercedes, hatte mich in einen Anzug gezwängt und meine guten Manieren parat.

In der Tiefgarage der Veranstaltungslocation angekommen bekam ich die ersten Komplexe, weil die anderen Teilnehmer in nagelneuen, teuren Autos anreisten. Etwas eingeschüchtert ging ich zum Seminarsaal, setzte mich in eine der Stuhlreihen und grüßte freundlich. In der ersten Pause versuchte ich, mit anderen Teilnehmern Kontakt aufzunehmen. Ich war jedoch mit Abstand der jüngste Teilnehmer und der einzige unter 35 Jahren. Dadurch kamen überhaupt keine Gespräche zustande, denn die anderen hatten schlicht kein Interesse an so einem jungen Hüpfer. Ich nahm mir nichtsdestotrotz vor, mit wenigstens drei der 128 Teilnehmer einen guten Kontakt aufzubauen. In der zweiten Pause hatte ich die Chance, mich mit einem Herrn aus der Automobilbranche und einer Dame aus der Coaching-Verkaufsbranche zu unterhalten. Letztere war sehr interessiert an meiner Person und an meinen Bedürfnissen und fragte mich regelrecht aus. Auch sie erzählte mir alles Mögliche, sogar Details aus ihrem Privatleben. Das beeindruckte mich. Nach einiger Zeit traute ich mich, sie nach Kontakten zu fragen, und erkundigte mich, wie sie neue Kunden für ihr Unternehmen akquiriere. Sie erklärte mir, dass sie vor allem Social Media nutze, aber auch viel über persönliche Kontakte erreiche. Da ich im Social-Media-Bereich noch Anfänger war, fragte ich sie darüber aus. Sie empfahl mir daraufhin einen jungen Mann aus Österreich, der genauso jung wie ich, aber ein Top-Experte in diesem Bereich war.

Zurück zu Hause kontaktierte ich diesen Mann. Das kostete mich einigen Mut, denn er war wirklich ein Vollprofi. Kaum hatte ich ihn am Telefon, legte wieder auf. Ich probierte es erneut, doch er legte wieder auf. Ich wusste nicht, was ich davon halten sollte, dachte jedoch an nichts Schlimmes und wählte wieder und wieder und wieder seine Nummer. Siebenmal hintereinander rief ich bei ihm an, bis er mir endlich zuhörte. Dann vereinbarten wir einen Termin für ein Coaching im Social-Media-Bereich. Ich war überglücklich. Und dann kam völlig überraschend sein Angebot, in mein noch sehr kleines Unternehmen zu investieren. Nach einigem Abwägen entschied ich mich, dieses Angebot anzunehmen. Denn dieser Mann war Dominik Fürtbauer! Ich hatte noch andere, günstigere Angebote bekommen. Aber mein Bauchgefühl sagte mir, das Dominik der Richtige war – und es sollte recht behalten. Heute bin ich sehr froh darüber, dass ich auf meinen Bauch gehört habe. Denn aus dieser Investition entstand unsere Freundschaft und eine geschäftliche Partnerschaft mit großen Visionen.

Später empfahl mich Dominik seinem Mentor – keinem Geringeren als Hermann Scherer. Mit ihm zusammen haben wir Podcasts aufgenommen, Videos gedreht, Live-Events für Social Media produziert und sogar einen Onlinekongress veranstaltet. Bei einem seiner Seminare erfuhr ich zudem von zusätzlichen Möglichkeiten zur Weiterbildung im Vertrieb und anderen Bereichen.

Daraus ergaben sich weitere spannende Kontakte, von denen viele zu Geschäftspartnern wurden. Diese Kette der (Weiter-)Empfehlungen reißt bis heute nicht ab.

Rückblickend hat meine mutige Entscheidung für Dominiks Investition mein ganzes Leben verändert und war der Start für unser gemeinsames Business. Unsere Geschichte ist der Beweis dafür, dass es möglich ist, mit echtem Interesse selbst als Abiturient einen Unternehmer für sich zu gewinnen. Daher auch an dich der Rat: Sei mutig und riskier etwas, um dir ein schöneres Leben aufzubauen.

Die Macht der Empfehlung – wie du ein erfolgreiches Business aufbaust

Empfehlungen sind also das Lebenselixier des Network-Marketings. Sie sorgen für die perfekten Kunden und Partner. Denn bei einer Empfehlung erzählt jemand in seinem Umfeld weiter, wenn er etwas gut findet. Die angesprochenen Personen sind dann motiviert, das Empfohlene ebenfalls auszuprobieren, da ihnen schließlich eine Person, der sie absolut vertrauen – meist ein Freund oder ein Familienangehöriger –, davon berichtet hat. Die Vorteile liegen klar auf der Hand. Eine Empfehlung ist zum einen immer etwas Persönliches. Denn man bekommt sie in aller Regel von jemandem, den man schon gut kennt. Dadurch verknüpft man automatisch die Expertise dieser Person mit der Empfehlung. Das sorgt für ein deutlich besseres Image des Empfohlenen und eine größere Motivation, aktiv zu werden, als bei einer Kaltakquise. Obendrein ist eine Empfehlung mit Emotionen verbunden.

Aufgrund dieses persönlichen und individuellen Faktors einer Empfehlung, sind insbesondere Menschen, die man auf Empfehlung kennenlernt, meist von ähnlichem Schlag wie diejenigen, von denen die Empfehlung kommt und die man schon kennt beziehungsweise mit denen man bereits befreundet ist. Wirst du zum Beispiel von deinem besten Kumpel auf seine Geburtstagsparty eingeladen und dort anderen Menschen vorgestellt, sind diese meist genauso auf einer Wellenlänge mit dir wie dein Freund. Wenn du hingegen jemanden überhaupt nicht leiden kannst, weil er vielleicht völlig andere Werte vertritt als du, wirst du wahrscheinlich auch mit dessen Freunden nicht klarkommen. Das heißt erstklassige Kontakte erzeugen immer weitere erstklassige Kontakte, zweitklassige Kontakte hingegen immer weitere zweitklassige Kontakte. Das ist die Macht der Empfehlung.

Viele Selbstständige, insbesondere im Dienstleistungsbereich, leben fast ausschließlich von Empfehlungen und von ihrem persönlichen Netzwerk. Ähnlich ist es mit Bewertungen im Internet. Man kauft eher ein Produkt mit (vielen) positiven Bewertungen und sucht eher einen Dienstleister mit einem positiven Image auf. Das nennt man Social Proof. Denn wenn viele Leute etwas für gut befinden, kann es nicht so verkehrt sein. Gleiches gilt für Bestseller. Wenn bereits hunderte, tausende oder sogar Millionen von Menschen ein Produkt gekauft haben, geht man als Interessent davon aus, dass es gar nicht schlecht sein kann. Genau so funktioniert auch Network-Marketing.

Es ist ein Empfehlungsgeschäft, weswegen es oft auch als Empfehlungsmarketing bezeichnet wird. Dieses System basiert darauf, dass deine erste Kontaktlinie, also deine engsten Freunde, über Empfehlungen eine zweite Kontaktlinie mit deren Freunden und Partnern erzeugt und diese wiederum eine dritte Kontaktlinie und so weiter. So entsteht ein riesiges Netzwerk (engl. Network). Deswegen ist es von immenser Bedeutung einen Kontakt, egal, aus welcher Quelle du ihn bekommen hast – also aus deinem privaten Umfeld, von einem Seminar, von einem Event, über einen Verein, über Social Media oder woher auch immer –, unbedingt zu nutzen und somit von der Macht der Empfehlung zu profitieren.

Der wichtigste Faktor, um Empfehlungen zu generieren, ist die richtige Ansprache. Wenn du also jemanden kennst, der dich weiterempfehlen soll, solltest du zunächst einmal dessen Kompetenz loben. Sag ihm, dass er ein erfolgreicher Unternehmer, Anwalt oder was auch immer ist. Deshalb sei Network-Marketing bestimmt nichts für ihn. Frag ihn dann, ob er aber nicht jemanden kenne, der sich gern ein zweites berufliches Standbein aufbauen würde und nach der passenden Option dafür sucht. Egal, ob es jemand aus dem privaten oder beruflichen Umfeld, aus dem Sportverein, aus der Familie, aus dem Kollegen- oder Bekanntenkreis ist, frag, ob dein Freund jemanden kennt, der sich zeitliche, örtliche und finanzielle Freiheit wünscht und grundsätzlich unternehmerisch denkt.

So führst du einen indirekten Pitch durch. Und es gibt eigentlich nur zwei Reaktionen, die du darauf ernten wirst. Die erste ist, dass der Angesprochene dich fragt, warum das nichts für ihn sein sollte. Dann kannst du ihm direkt alles Weitere erklären. Sprichst du beispielsweise einen erfolgreichen Vertriebsleiter so an, wird dieser wahrscheinlich antworten, dass er 50 bis 60 Stunden pro Woche arbeitet und gerne mehr Zeit, für Familie und Freunde hätte, aber vor allem gerne mehr Geld verdienen würde. Denn in seinem aktuellen Job sei sein Gehalt gedeckelt. Er wird dich dann fragen, was er tun müsse, um das zu erreichen. Und daraufhin brauchst du ihm nur noch zu erklären, worum es geht – dass es ein Vertriebssystem ist und in welcher Branche du tätig bist. Anschließend lädst du ihn auf eine Veranstaltung ein, auf der deine Top-Führungskräfte das Konzept erklären.

Die zweite mögliche Reaktion ist, dass derjenige jemanden kennt, auf den diese Eigenschaften zutreffen. Vielleicht eine Frau, die im Marketing arbeitet und zwar viel Geld verdient, aber jede Woche über 60 Stunden arbeitet, die ein kleines Kind daheim hat und für dieses gern mehr Zeit hätte. Dann bittest du denjenigen, dir die Telefonnummer dieser Person zu geben und ihr zu sagen, dass du sie anrufen wirst und dass das, was du ihr erzählen wirst, Hand und Fuß hat. Wenn du dann bei dieser Person anrufst, kannst du direkt ins Gespräch einsteigen mit den Fakten, die du bereits über sie weißt, weil du sie von deinem Freund erfahren hast. Anschließend fragst du sie, ob sie tatsächlich auf der Suche ist, nach Möglichkeiten, mehr Zeit für sich und ihre Familie zu haben. Das wird die Frau bejahen. Daraufhin erwähnst du, dass dein Freund – es ist wichtig, den Namen des Empfehlenden immer wieder zu erwähnen – dir erzählt hat, dass sie in ihrem Job sehr engagiert, ehrgeizig und ambitioniert ist. Auch das wird sie bestätigen, worauf du sie auf eine Veranstaltung einlädst. Da du sie auf eine Empfehlung von jemandem, den sie gut kennt, hin kontaktiert hast, weiß sie, dass sie dir vertrauen kann, was bereits einen positiven Rahmen schafft. Und du hast eine neue Freundin kennengelernt und eine Partnerschaft beziehungsweise eine Beziehung zu jemand Neuem aufgebaut. Da ihr denselben Freund habt, weißt du obendrein, dass dies ein hochwertiger Kontakt ist. Wichtig bei alldem ist, dass du immer im Hinterkopf behältst, dass deine Aufgabe nur ist, Information zu verteilen und nicht zu verkaufen.

Mit dieser Kontaktaufnahme verhält es sich wie bei einem Bauern, der sät und erntet. Manche Samen gehen nicht auf, aus anderen werden die besten Früchte. Du solltest dich nicht fragen, warum manche Saatkörner nicht aufgehen, andere aber schon. Du solltest dich auch nicht fragen, warum du manchmal mit einer großen Aussaat trotzdem wenig erntest und manchmal mit wenigen Samen reiche Ernte machst.

In der Regel zählen deine ersten zwei bis fünf, manchmal noch mehr Jahre im Network-Marketing zur ersten Kategorie. Wenn du diese aber durchhältst, wirst du lebenslang von der Ernte leben können. Denn hast du einmal ein funktionierendes System aufgebaut, generiert dieses für den Rest deines Lebens ein passives Einkommen. Deswegen ist jede einzelne Empfehlung, jeder einzelne neue Kontakt, jede einzelne neue Beziehung, jeder neue Freund Tausende oder sogar Millionen von Euro wert und verschafft dir vor allem ein Leben in völliger Unabhängigkeit. Denn du kannst deinen Freundeskreis, dein finanzielles Einkommen und dein persönliches Leben vollkommen frei gestalten.

Wenig Aufwand, große Wirkung – das Paretoprinzip

Eine wichtige Erfolgsformel ist das Paretoprinzip, auch 80/20-Regel genannt. Es besagt, dass du 80 Prozent des Ergebnisses mit 20 Prozent des Aufwands erreichst, die restlichen 20 Prozent zum Ziel benötigen allerdings 80 Prozent der Energie. Das heißt, einen Großteil deiner Ziele verwirklichst du mit relativ geringem Aufwand. Im Network-Marketing funktioniert das vor allem deshalb, weil den Großteil der Arbeit andere für dich machen.

Da ist zunächst einmal die Kundenbetreuung. Dazu zählt, Retouren zu bearbeiten, Fragen zu beantworten, Kunden-Support, Abrechnungen zu erstellen, Boni zu buchen und noch vieles mehr. Damit verbringt ein Unternehmer normalerweise viel Zeit. Hast du im Network-Marketing aber ein gut aufgestelltes Team, übernehmen Spezialisten die komplette Kundenbetreuung für dich. Bist du beispielsweise im Gesundheitsbereich tätig, sind das unter anderem Heilpraktiker, Ärzte und Wissenschaftler. Du kannst also in 20 Prozent deiner Zeit 80 Prozent deines Einkommens generieren, weil du dich nicht um die Kundenbetreuung zu kümmern brauchst. Und die „anstrengenden" 80 Prozent, um die restlichen 20 Prozent zu erwirtschaften, entfallen sogar.

Denn du bist ausschließlich für das Verteilen von Informationen zuständig. Du wirbst neue Kunden an und gewinnst neue Partner für dein Business, aber die Kundenbetreuung ist vollständig ausgelagert. Diese übernimmt jemand anders, der sie aufgrund seiner Expertise zudem deutlich besser macht, als du es je könntest. Deswegen ist das Paretoprinzip eine der mächtigsten Formeln der Welt.

Das gilt ebenso für die Logistik. Dafür müsstest du eigentlich Räumlichkeiten mieten, ein Logistiksystem erstellen, Personal einstellen, Maschinen besorgen, ein Verwaltungs-Tool programmieren lassen, Verpackungsmaterial beschaffen, Produkte abfüllen, verpacken und versenden lassen, überprüfen, ob alles ankommt und dich eventuell mit dem Paketdienst auseinandersetzen. Diese gesamte Logistik wird vollständig von deinem Partnerunternehmen übernommen. Das heißt, die 80 Prozent deiner Zeit, in denen du nur 20 Prozent deines Gesamteinkommens verdienst, entfallen komplett. Obendrein brauchst du kein eigenes Warenlager, da du keine Produkte einlagern musst, die zudem verderben könnten. Produkte kosten Geld. Wenn du keine bevorratest, kann nichts schlecht werden. Nichts braucht Platz, nichts beansprucht Personal oder Sonstiges.

Du hast den Kopf frei und kannst deine Energie darauf verwenden, die Produkte zu vermarkten. Du hast also mehr Kapazitäten für die Tätigkeiten, die Geld einbringen und Spaß machen.

Auch hinsichtlich der Vertriebspartner fällt normalerweise eine Menge Arbeit an. Du bräuchtest ein Abrechnungssystem, in dem Sozialversicherungsbeiträge, Lohn von Angestellten und Partnern, Krankheits- und Urlaubstage und zahlreiche weitere Posten erfasst werden. Zusätzlich bräuchtest du eine Buchhaltungsabteilung, um die Auszahlungen zu verwalten. Im Network-Marketing übernimmt auch das komplett deine Partnerfirma. Sie verwaltet alle Ausgaben für sämtliche Partner. Diese werden zudem ausschließlich leistungsbezogen bezahlt. Dazu gehört ebenso das gesamte Abrechnungssystem, in dem jeder einzelne Kunde erfasst ist. Das Unternehmen schreibt ebenfalls sämtliche Rechnungen und überweist dir deine Provisionen. Dass du mit alldem nichts zu tun hast, hat noch einen weiteren Vorteil. Es spart nicht nur ganz direkt Zeit und Geld, sondern auch sekundäre Kosten, zum Beispiel bei deinem Steuerberater. Denn dieser rechnet zum einen in Abhängigkeit von deinen Einkünften, zum anderen nach Aufwand ab. Und Letzterer ist natürlich enorm minimiert, wenn der gesamte Geldtransfer mit Kunden und Partnern nicht über dich läuft. Du erhältst nur eine einzige Provisionsauszahlung pro Monat.

Es müssen also lediglich eine (Ab-)Rechnung und eine Zahlung pro Monat erfasst und bearbeitet werden. Das spart jede Menge Aufwand und somit Kosten.

Der nächste tolle Vorteil beim Network-Marketing sind die zahlreichen Reise- und Incentiveprogramme, die die meisten Unternehmen anbieten. Diese bringen dich an die tollsten Orte der Welt. Die gesamte Reiseplanung und -organisation wird dabei von deiner Partnerfirma oder deinem Networker-Team übernommen. Das heißt, du musst dich um nichts kümmern, nicht um den Flug, nicht um das Hotel, nicht um das Programm vor Ort. Solche Reisen werden über ein spezielles Bonussystem vergeben, an dem auch deine Vertriebspartner teilnehmen. Nicht du selbst lädst deine Vertriebler folglich in den Urlaub ein und bezahlst diesen, sondern deine Partnerfirma übernimmt all das und obendrein die gesamte Organisation. Du benötigst also keine eigene Eventabteilung, wie sie große Firmen haben. Auch Weihnachts- und andere Betriebsfeiern werden von deiner Partnerfirma organisiert. Ebenso werden Dienstwagen von dem Unternehmen gestellt und verwaltet – inklusive Tankkarten, Versicherungen, Wartung und Reparaturen. All diese Annehmlichkeiten werden über ein Vergütungssystem mit Stufenmodell abgewickelt. Auf diese Weise werden deine internen Vertriebler extern motiviert.

Dadurch sparst du nicht nur 80 Prozent deiner Zeit, sondern von den restlichen 20 Prozent weitere 80 Prozent. Das heißt, mit nur 4 Prozent deiner Arbeitszeit, erzielst du 96 Prozent der Ergebnisse.

Arbeitest du selbst beispielsweise jeden Tag fünf Stunden und hast 99 Partner in deinem Team, die ebenfalls fünf Stunden pro Tag arbeiten, kommt ihr zusammen auf 500 Stunden Arbeit, für die du aber den gesamten Lohn erhältst. Und um sämtliche organisatorischen und logistischen Belange brauchst du dich noch nicht mal zu kümmern. Zumal diese deutlich schlechter entlohnt werden als die Arbeit im Marketing und Vertrieb. Bei einem Logistikjob liegt der Stundenlohn je nach Region bei zehn bis zwanzig Euro. Im Marketing oder Vertrieb hingegen kannst du mehrere tausend Euro pro Stunde bekommen, je nachdem wie gut du deinen persönlichen Job erledigst. Network-Marketing ermöglicht dir, dich zu 100 Prozent auf deine Stärken zu fokussieren. Dadurch kannst du dein Hauptaugenmerk mithilfe des Pareto-Prinzips auf die Strategien legen, die wirklich Umsatz und vor allem Gewinn generieren.

Das richtige Mindset – die Voraussetzung für Erfolg

Das Mindset im Network-Marketing besagt, dass niemand ein Produkt verkauft, sondern jeder immer nur sich selbst. Das ist der Grund dafür, dass es in ein und derselben Firma erfolgreiche und weniger erfolgreiche Verkäufer gibt, obwohl alle exakt das gleiche Produkt vermarkten und somit aus der gleichen Ausgangslage starten. Denn es zählt nur die Persönlichkeit jedes Einzelnen. Im Network-Marketing gilt das mehr als in jeder anderen Branche. Beim Aufbau deiner persönlichen Marke sind deiner Fantasie dabei keine Grenzen gesetzt. Wichtig ist nur, dass du dir dessen bewusst bist, dass im Network-Marketing genau wie im Verkauf, im Vertrieb oder als Unternehmer du allein mit deiner Persönlichkeit für deinen Erfolg verantwortlich und entscheidend bist.

Die meisten Menschen entscheiden sich nicht für Produkt A oder B, weil ihnen die Farbe des einen besser als die des anderen gefällt. Sie bewegen sich auch nicht irgendwo hin, weil sie eine Chance oder Ähnliches an sich toll finden. Das tun nur zehn bis zwanzig Prozent der Leute. 80 bis 90 Prozent von ihnen treffen Entscheidungen aufgrund persönlicher Sympathie.

Weil sie den Menschen hinter einem Angebot mögen, weil sie mit diesem zusammen etwas aufbauen wollen, weil sie ihn lustig oder seriös oder authentisch finden, weil sie ihn als Vorbild ansehen. Daher steht und fällt jede Vertriebsorganisation mit ihrer Führungskraft, ihrem Leader. Egal, ob es sich um einen riesigen Finanzstrukturvertrieb oder ein kleineres Gesundheitsunternehmen handelt, egal, ob die Firma groß oder klein ist, gibt es keinen Leader, keine Führungskraft, gibt es das gesamte Unternehmen nicht. Daher ist es so wichtig, mit welchen Menschen du zusammenarbeitest. Wenn du die richtigen Leute gefunden hast, hast du über 80 Prozent deines Erfolgs bereits gesichert. Wenn du dir sicher bist, dass andere einen hohen Mehrwert geboten bekommen, allein weil sie auf eine Veranstaltung mit deinen Teammitgliedern kommen und diese persönlich kennenlernen können, hast du nicht nur die sprichwörtliche halbe Miete, sondern schon 80 Prozent des Vertrauens im Voraus erwirtschaftet – dank deines Netzwerks.
Deswegen solltest du dir, bevor du Personen für dein Netzwerk rekrutierst, klarmachen und am besten aufschreiben, welche Fähigkeiten und Eigenschaften sie mitbringen sollten. Erstelle ein Anforderungsprofil für das perfekte Teammitglied und werde dann zunächst selbst zu solch einer Person, die du gerne rekrutieren würdest. Werde exakt so wie jemand, den du anziehen möchtest. Willst du erfolgreiche Vertriebler anziehen, werde folglich selbst zum erfolgreichen Vertriebler.

Der Weg zum Erfolg – die entscheidenden Schritte

Hast du dieses Mindest etabliert, kannst du dich auf den Weg zum Gipfel des Erfolgs begeben. Dabei brauchst du als Erstes eine klare Vision: Wofür willst du im Network-Marketing eintreten? Was ist dein großes Ziel? Du musst bereit sein, den Preis dafür in den nächsten zwei bis fünf Jahren zu bezahlen. Je größer der Antrieb ist, dieses Ziel zu erreichen, desto erfolgreicher wirst du sein. Denn je größer der Antrieb desto größer der Vertrieb. Und je größer der Vertrieb desto größer die Aktionen, die dafür getätigt werden. Und diese wiederum führen zu stark positiven Ergebnissen.

Stell dir also vor, was du in deinem Leben erreichen willst, wie dein perfektes Leben aussähe, wenn Zeit und Geld keine Rolle spielen würden. Um dir ein klares Bild davon zu machen, schreib dir diese Vision auf oder leg ein Visionboard an, auf dass du Bilder klebst, die dich jeden Tag daran erinnern, wofür du mit Network-Marketing begonnen hast. Dann weißt du auch in herausfordernden Situationen, warum du aufstehen solltest, statt liegen zu bleiben. Dieses klare Bild ist entscheidend dafür, wie lange du an deiner Vision festhältst und wie schnell du Erfolg haben wirst.

Auch ein Visionsbuch, in dem du sämtliche Zahlen und Fakten zum von dir gewünschten Leben festhältst, kann dir dabei helfen. Notiere darin, wie dein Alltag in fünf oder zehn Jahren aussehen soll: Wo und wann wachst du auf, wer liegt neben dir, wann kommen vielleicht deine Kinder morgens rein, wie ist dein Einkommensstatus, wie groß ist dein Unternehmen, welche materiellen Dinge sind dir persönlich wichtig, welche Werte und welche Philosophie verfolgst du, wie sieht dein Tagesablauf aus, wie oft, wie lange und wohin verreist du? Je strukturierter und detaillierter du all das aufschreibst, umso besser kannst und wirst du deine Vision verinnerlichen und umso schneller wirst du sie umsetzen. Und wenn du mal vor einer großen Herausforderung stehst, beispielsweise vor einer wichtigen unternehmerischen oder finanziellen Entscheidung, nimmst du dieses Visionsbuch zur Hand und erinnerst dich daran, wofür du einmal mehr aufstehen als liegen bleiben solltest.

Der zweite wichtige Punkt ist, dass du, wie bereits erwähnt, mit einem funktionierenden, stabilen, etablierten System und mit Menschen, die zu dir und deinen Zielen passen, arbeiten solltest.

Der dritte Faktor besagt, dass du mit einer duplizierbaren Variante arbeiten solltest. Ein gutes Network-Marketing-System ist duplizierbar. Das heißt, es basiert darauf, dass viele unterschiedliche Menschen mit unterschiedlichen

Ausgangssituationen, Fähigkeiten und Zielen Network-Marketing betreiben können. Sowohl Top-Unternehmer mit entsprechenden Vorkenntnissen, Vertriebler oder Führungskräfte als auch Menschen, die all diese Voraussetzungen nicht mitbringen, wie Angestellte, können mit demselben System arbeiten. Das System muss branchenübergreifend für jede Ausgangssituation und mit jeglichen Fähigkeiten nutzbar und umsetzbar sein und zum Erfolg führen. Diese Duplizierbarkeit macht erfolgreiches, langfristig nachhaltiges und professionelles Network-Marketing aus. Deswegen solltest du dir die Frage stellen, ob all das, was du tust, nur für dich funktioniert oder duplizierbar ist, sodass jeder es nachmachen kann. Denn du wirst niemals ein erfolgreiches Network-Marketing-Business aufbauen können, wenn andere deine Methoden nicht adaptieren können.

Ein weiterer entscheidender Punkt ist, dass du deine Zahlen kennen musst. Um ein Unternehmen skalieren zu können, musst du die Zahlen überblicken, die du nach oben, hin zu deinen Zielen skalieren willst. Die wichtigste Zahl dabei ist die Anzahl der Personen auf deiner Namensliste. Die Namensliste ist das Kapital eines jeden Networkers. Wie viele Menschen musst du kontaktieren, um einen Abschluss zu generieren und um dein Business weiter aufzubauen? Wie viele davon werden zu Führungskräften?

Wie viel Zeit musst du in die jeweiligen Personen investieren und welchen finanziellen Output generierst du schlussendlich? Wenn du zum Beispiel weißt, dass du von zehn Kontakten drei Personen für deine Arbeitsweise, dein System und deine Vision begeistern kannst, dann weißt du auch ganz genau, wie viele Menschen du kontaktieren musst, um 30, 40, 50, 100 von ihnen für dein System zu begeistern. Wenn du nun von einem bestimmten Umsatz ausgehst, den jeder von ihnen generiert, kannst du skalieren, wie viele Menschen du kontaktieren musst und wie viele deinem Team beitreten müssen, um den von dir gewünschten Gesamtumsatz zu erreichen. Oder anders herum weißt du, wie viel Umsatz jedes deiner Teammitglieder erwirtschaften muss, um an dein Ziel zu gelangen.

Als Nächstes solltest du dich emotional frei machen vom Ergebnis deiner Kundenakquise. Denn du wirst im Network-Marketing sehr oft ein Nein als Antwort erhalten. Das ist völlig normal. Genau wie andere Unternehmen generierst auch du nicht aus allen Angeboten, die du versendest, einen Auftrag. Löse dich also emotional von einer negativen Rückmeldung, denn ein Nein rührt niemals daher, dass du einen Fehler gemacht hast. Es liegt nicht an dir, deinem Geschäft oder deinen Skills, sondern es hat seine Ursachen in der jeweiligen Ausgangssituation, die zum Zeitpunkt deines Angebots bei der von dir kontaktierten Person vorherrschte.

Hake daher nach einiger Zeit noch mal nach. Aus vielen Ablehnungen wird zu einem anderen Zeitpunkt doch noch eine Zustimmung. Denn die Ausgangssituation verändert sich und plötzlich gibt es doch einen Bedarf für dein Angebot und dein Gegenüber wünscht sich doch mehr Zeit, mehr Geld, mehr Lebensqualität und mehr Gesundheit. Ein Nein kann also langfristig noch ein Gewinn für dich werden. Manchmal sind auch schlicht weitere Informationen notwendig, um die andere Person zu überzeugen. Trenne dich also emotional vom Ergebnis deiner Kontaktversuche. Nutze stattdessen die Chance, durch Akquise regelmäßig neue Kontakte zu generieren.

Ein weiteres Ziel muss die Erweiterung deiner Namensliste sein. Network-Marketing basiert nicht darauf, dass du in einem kurzen Zeitraum möglichst viele Menschen kontaktierst, sondern dass du über einen langen Zeitraum hinweg mit einer großen Anzahl an Personen kommunizierst. Deswegen solltest du regelmäßig neue Kontakte generieren. Dafür musst du die entsprechenden Systeme schaffen. Das kann on- oder offline sein. Stell dir dabei die Frage, mit welcher Personengruppe du arbeiten möchtest und wie dein Anforderungsprofil aussieht, also was Menschen, mit denen du arbeiten willst, mitbringen sollten. Fokussierst du dich eher auf Top-Unternehmer, Vertriebler, Führungskräfte und leitende Angestellte oder auf alleinerziehende Mütter oder auf Menschen aus dem Gesundheitsbereich?

Oder suchst du schlicht nach Menschen, die sich mehr Zeit, mehr Geld und mehr Lebensqualität wünschen? Dann wirst du relativ leicht neue Kontakte generieren. Wenn du dir darüber klar geworden bist, solltest du dir darüber Gedanken machen, wo du diese Menschen treffen kannst. Wenn du Vertriebler suchst, wirst du diese auf Veranstaltungen zum Thema Vertrieb finden. Wenn du Personen suchst, die sich mit Persönlichkeitsentwicklung beschäftigen, wirst du diese auf entsprechenden Veranstaltungen zu diesem Thema antreffen. Auf Veranstaltungen zum Thema langfristige Gesundheit kannst du Kontakte zu Menschen knüpfen, denen Gesundheit wichtig ist. Besuche also Veranstaltungen, auf denen sich deine Zielgruppe trifft. Bei der Suche danach kannst du Plattformen wie Xing, LinkedIn und dergleichen nutzen. Dort siehst du, welche Veranstaltungen zu einem Thema aktuell oder in naher Zukunft stattfinden.

Außerdem solltest du in deinem Umfeld nach Menschen Ausschau halten, die zu deiner Zielgruppe gehören. Sprich sie auf dein Geschäft an und sag ihnen, dass du auf der Suche nach Kontakten bist und nenne ihnen deine Zielgruppe. Auch auf Online-Marketingplattformen und Social-Media-Plattformen, wie Facebook und Instagram, solltest du aktiv sein. Gründe und nutze dort entsprechende Gruppen, damit sich Interessenten zu einem bestimmten Thema, also deine Zielgruppe, austauschen können.

Werde zum Meinungsführer, stelle Videos und Tipps ein und sorge dafür, dass diese Menschen auf dich aufmerksam werden. So generierst du regelmäßig Kontakte, die du für dein Geschäft nutzen kannst. Selbst wenn diese Leute weder an deinem Geschäft noch an deinem Team interessiert sind, nutzen sie vielleicht die Produkte, die du vertreibst, oder sprechen dir regelmäßig Empfehlungen aus, die du für dich und den Aufbau deines Network-Marketing-Business erfolgreich nutzen kannst.

Dann ist es wichtig, dass du in dein Geschäft reinvestierst. Denn dein Unternehmen wächst nur, wenn du in sein Wachstum investierst. Der große Vorteil des Network-Marketings ist, dass es freiwillig geschieht. Das heißt, du selbst entscheidest, in welcher Höhe und in welchen Bereichen du deine Investitionen tätigst. Ob du also in Personal, in Veranstaltungen, um neue Kontakte zu generieren, in Maßnahmen für mehr Sichtbarkeit, in eine größere Reichweite oder in Mentoren, die dir dabei helfen, schneller mehr Geld, mehr Umsatz, mehr Zeit und mehr Lebensqualität zu erzielen, investierst, ist allein deine Entscheidung.

Der letzte entscheidende Faktor ist, dass du mit den richtigen Menschen zusammenarbeiten musst, um dein Business langfristig aufzubauen. Erstell dir ein detailliertes Anforderungsprofil, das all die Punkte enthält, die für dich relevant sind, um im Network-Marketing erfolgreich zu sein. Notiere, welche Charaktereigenschaften diese Menschen haben sollten, woher sie kommen, welche Bedürfnisse und Probleme sie haben, welche Lösungen du für diese Zielgruppe hast und vor allem was dir besonders wichtig ist, wenn du mit diesen Menschen arbeitest. Suche nach Menschen, die ebenfalls nach Langfristigkeit, Professionalität und Stabilität streben. Menschen, die bereit dafür sind, in den nächsten zwei bis fünf Jahren mit dir zusammenzuarbeiten. Denn schlussendlich haben beide Seiten, also du und deine Partner, nichts davon, wenn falsche Erwartungen definiert wurden. Das führt nur dazu, dass deine Teammitglieder früher oder später wieder aus deinem Team aussteigen, weil die Rahmenbedingungen nicht passen. Deswegen definiere ganz eindeutige Richtlinien, mach deine Erwartungen klar und kommuniziere das, was du in der Zusammenarbeit erwartest. Sag den Leuten außerdem, was es bedeutet, Network-Marketing erfolgreich zu betreiben, und was dafür geleistet werden muss. Dann kann dein Partner für sich entscheiden, ob das für ihn das richtige System ist. Denn wie gesagt bist du nur dann im Network-Marketing erfolgreich, wenn du dafür sorgst, dass die Menschen in deinem Team ihre Ziele erreichen. Daher ist der Grundstein für ein funktionierendes Business die menschliche Qualität deiner Teammitglieder.

Money makes the world go round – wie du mit Network-Marketing Geld verdienst

Wie viel Geld du mit Network-Marketing verdienen kannst und wirst, hängt davon ab, was du bereit bist zu leisten. Network-Marketing funktioniert wie jeder andere Wirtschaftszweig auch: Es ist ein Geben und Nehmen. Wenn du 50.000 Euro pro Monat verdienen möchtest, musst du deiner Partnerfirma einen Grund geben, dir so viel zu bezahlen. Dazu solltest du zunächst ins Verhältnis setzen, was du in deinem momentanen Job verdienst und wie viel du dafür arbeiten musst. Dann solltest du dich fragen, wie viele Stunden du dafür bereit wärst, im Network-Marketing zu arbeiten.

Wenn du pro Monat 50.000 Euro verdienen möchtest, bedeutet das, dass du 10.000, vielleicht auch 100.000 Kunden benötigst. Diese werden von einem Expertenteam betreut, also je nach Branche von Ärzten, Wissenschaftlern, Heilpraktikern und Co. Diese betreuen sämtliche Kunden aller Vertriebler eines Unternehmens. Dir entstehen daraus keinerlei Verpflichtungen. Du brauchst keine Lizenz, kein Lager, kein monatliches Abo oder sonstiges. Das macht vielen allerdings erst mal zu schaffen, wenn sie im Network-Marketing starten.

Denn dank dieses Systems hat es keinerlei Konsequenzen, wenn du mal nichts tust. Du bist Herr deiner Freiheit, deines Lebens und deiner Zukunft.

Allerdings musst du natürlich schon etwas tun, um erfolgreich zu sein. Zunächst einmal musst du jede Menge Leute ansprechen beziehungsweise kontaktieren. Damit wirst du natürlich in deinem Freundes- und Familienkreis beginnen, denn diesen Menschen vertraust du und sie sind dir in aller Regel wohlgesonnen. Davor scheuen sich viele, um nicht zu sagen, es ist einer der größten Vorbehalte gegenüber dem Network-Marketing. Viele haben Angst davor, dass sie dadurch ihre persönlichen Beziehungen ruinieren. Grundsätzlich ist jedoch zu sagen, dass du das nicht tun musst. Du hast, wie wir erläutert haben, zahlreiche andere Kontaktmöglichkeiten. Obendrein kannst du durch Werbung auf dich aufmerksam machen, zum Beispiel in Zeitungen, im Radio oder im Internet. Das heißt, du kannst dein Business komplett mit externen Kontakten aufbauen. Doch schlussendlich sollte Network-Marketing als das behandelt werden, was es ist: Empfehlungsmarketing.

Das ist nichts anderes als bei jedem anderen Business auch. Würdest du beispielsweise eine Autowerkstatt eröffnen, würdest du auch als Erstes deinen Freunden und Verwandten davon erzählen. Du würdest nicht zuerst ein Callcenter damit beauftragen, Leute abzutelefonieren und ihnen deine Dienstleistungen anzubieten. Du würdest nicht sofort Tausende von Euro in Zeitungswerbung investieren oder ein Video drehen, um Kunden anzulocken. Sondern du würdest zunächst deinen Eltern, deinen Familienangehörigen, deinen Freunden und Bekannten davon erzählen und sie fragen, ob sie nicht zukünftig ihre Autos bei dir reparieren lassen wollen. Und das tust du natürlich, weil du von der Qualität der Dienstleistungen in deiner Autowerkstatt überzeugt bist. Denn man empfiehlt nur Dinge, für die man selbst auch Geld bezahlen würde. Und man beginnt nur dann eine selbstständige Existenz oder gründet ein Unternehmen, wenn man von einer Geschäftsidee persönlich begeistert und überzeugt ist. Wenn du selbst in deiner Werkstatt einen Reifenwechsel vornehmen lassen würdest, dann kannst du das auch deinen Eltern, deinen Großeltern und deinen Freunden empfehlen. Wenn du einen Reifenhandel eröffnest und von dessen Erfolg überzeugt bist, dann kannst du dieses Geschäft auch anderen empfehlen. Du empfiehlst folglich etwas, von dem du selber total begeistert bist. Wenn du mit einem guten Network-Marketing-Unternehmen zusammenarbeitest und ein tolles Produkt vermarktest, warum solltest du dieses Produkt und die Geschäftsidee nicht auch deinen internen Kontakten empfehlen?

Viele starten ausschließlich wegen des Geldes im Network-Marketing. Sie sind fasziniert von den Umsätzen, die mit dieser Vertriebsart generiert werden können, das

Produkt ist ihnen hingegen völlig egal. In diesem Falle stimmt das Vorurteil, dass sich ein Networker seine persönlichen Kontakte zerstört, wenn er ihnen das Produkt verkaufen will. So solltest du jedoch nie an die Sache herangehen. Ansonsten: Fange erst gar nicht mit dem Business an. Denn dann wirst du sowieso nicht erfolgreich werden. Du solltest vielmehr selbst unbedingt von dem Geschäftskonzept und dem Produkt, das du vermarktest, überzeugt sein. Zudem wird dir dein Mentor genau erklären, wie du vorgehen kannst, wenn du Freunde oder Familienangehörige kontaktierst. Statt Angst davor zu haben, dir nahestehende Personen zu kontaktieren, solltest du dich lieber fragen, ob du von dem Geschäftskonzept und dem Produkt selbst so begeistert bist, dass du es ohnehin allen Personen, die du kennst und magst, weiterempfehlen würdest. Würdest du selbst als Kunde dieses Produkt kaufen und benutzen? Würdest du es auch unentgeltlich weiterempfehlen? Wenn du das mit Überzeugung bejahen kannst, dann ist es definitiv ein Produkt, hinter dem du stehen kannst, sodass du dich überhaupt nicht schämen musst, wenn du deinen Freunden und deiner Familie davon erzählst. Betrachte es vielmehr als Gewinn für diese Menschen, dass du ihnen davon berichtest. Schließlich präsentierst du ihnen etwas, das auch ihr Leben maßgeblich verändern kann – finanziell, gesundheitlich und emotional.

So funktioniert Network-Marketing. Und deswegen ist es das persönlichste Geschäft der Welt. Denn du arbeitest zunächst immer mit deinen guten Freunden, Verwandten und Bekannten zusammen, wie in jedem anderen Business auch. Würdest du eine Modeboutique eröffnen, würdest du auch deinen Eltern, deinem Onkel und deiner Tante als Erstes davon erzählen und sie bitten, in Zukunft ihre Klamotten bei dir zu kaufen, statt bei einem Großkonzern, bei dem sie vielleicht bislang Kunde waren. Denn du würdest nur ein Unternehmen eröffnen, wenn du 110-prozentig davon überzeugt bist, dass die Produkte, die du anbietest, die besten sind, die am Markt zu finden sind. Würdest du diese Produkte nicht weiterempfehlen, würdest den Menschen, die du liebst, geradezu schaden. Das wäre wie wenn dein bester Freund dich fragt, welchen Kinofilm du ihm empfehlen würdest. Und du würdest ihm antworten, er solle bloß nicht den anschauen, in dem du gestern warst, weil dieser so fantastisch ist und du ihm diesen nicht aufdrängen möchtest. Diese Einstellung wäre mehr als merkwürdig. Warum solltest du sie dann im Network-Marketing haben? Die besten Produkte und die beste Geschäftsidee, die du je kennengelernt hast, sind doch gerade gut genug für die Menschen, die du liebst. Also leg los und erzähl allen von deinem neuen Business!

Negative Stimmen – der schlechte Ruf des Network-Marketings und wie du ihm begegnest

Allerdings hat Network-Marketing bei vielen Menschen einen schlechten Ruf. Je höhergestellt jemand ist und je mehr Geld er verdient, desto positiver ist allerdings dessen Sichtweise auf Network-Marketing. Wenn man verstehen will, woher der schlechte Ruf des Network-Marketings vor allem in den unteren Gesellschaftsschichten rührt, muss man sich anschauen, wie informiert die Leute aktuell zum Thema Network-Marketing sind. Die meisten wissen nämlich nicht einmal genau, was Network-Marketing eigentlich ist. Sie haben lediglich von irgendjemandem aus ihrem Umfeld schon mal gehört oder im Internet gelesen, dass dieses Business nicht funktioniert, weil man damit nicht schnell reich werden kann. Das liegt daran, dass viele vor ihrem Einstieg ins Network-Marketing gar nicht wissen, was sie da erwartet und auch ihre eigenen Erwartungen nicht abstecken.

Im Network-Marketing gibt es, wie in jeder anderen Branche auch, ganz, ganz viele schwarze Schafe. Daher solltest du bereits vor dem Einstieg viel Zeit investieren, um das Network-Marketing-System zu finden, das zu dir passt und das sich von allen anderen unterscheidet. Zudem solltest du dir dessen bewusst sein, dass Network-Marketing kein System zum schnell Reichwerden ist. Du musst zunächst einmal zwei bis fünf Jahre wirklich hart und kontinuierlich arbeiten, um erfolgreich zu werden. Dafür kannst du anschließend 10-, 20- oder sogar 30-mal so viel verdienen und erreichen wie in anderen Branchen. Außerdem solltest du nicht erwarten, dass dieser Job in irgendeiner Art und Weise komplett anders ist als andere. Viele Leute erwarten oder bekommen von ebenjenen schwarzen Schafen der Branche das Versprechen, dass sie im Network-Marketing nach ein paar Monaten schon genauso viel verdienen wie in ihrem bisherigen Beruf, für den sie eine dreijährige Ausbildung absolviert und anschließend erst mal fünf Jahre in einem Unternehmen gearbeitet haben, um ihren aktuellen Lohn zu erzielen. Das funktioniert jedoch in den meisten Fällen nicht, auch wenn es natürlich Ausnahmen gibt. Denn im Network-Marketing muss man ebenfalls eine Ausbildungsphase durchlaufen. Network-Marketing ist nichts anderes als der Aufbau einer Vertriebsorganisation. Network ist schließlich der englische Begriff für Netzwerk. Hast du anfangs noch kein Netzwerk, dauert diese Aufbauphase länger. Und wenn du keinerlei Marketing-Vorkenntnisse mitbringst, geht alles etwas langsamer voran, weil du einige Fähigkeiten erst erlernen wirst, während du dein Geschäft aufbaust. Das ist genau wie bei jedem anderen Start-up auch. Denn es ist noch nie ein Meister vom Himmel gefallen.

Für den Aufbau einer Vertriebsorganisation musst du dich außerdem mit dem Thema Vertrieb beschäftigen und verkaufen beziehungsweise zunächst empfehlen wollen. Und um eine Organisation zu führen, solltest du dich erst einmal selbst organisieren können – sowohl zeitlich und im Hinblick auf Termine als auch menschlich und hinsichtlich deiner Aufgaben. Besitzt du diese vier Fähigkeiten bereits, bringst also Kenntnisse in Vertrieb, Organisation, Netzwerk und Marketing mit, geht der Aufbau eines Network-Marketing-Business bei dir natürlich viel schneller vonstatten als bei jemanden, der all diese Voraussetzungen nicht hat. Und auch im Network-Marketing schaden Fortbildungen und eine Berufsausbildung nicht. Je mehr du vor deinem Einstieg schon weißt und beherrschst, desto besser.

Ein anschaulicher Vergleich dazu ist der zweier Maurerlehrlinge. Der eine ist bereits gelernter Zimmermann und arbeitet seit vielen Jahren in diesem Beruf. Er beherrscht sein Handwerk bis ins kleinste Detail. Der andere hingegen hat keinerlei Vorkenntnisse und obendrein zwei linke Hände. Er schafft es nicht mal, einen Nagel gerade in die Wand zu schlagen, und war noch nie auf einer Baustelle. Welcher der beiden erlernt das Maurerhandwerk schneller? Natürlich der Zimmermann. Denn er hat schon einen artverwandten Beruf gelernt und ausgeübt. Er ist handwerklich geschickt und kennt sich auf Baustellen aus.

Genauso ist es im Network-Marketing. Kommst du aus dem Verkauf oder Vertrieb oder bist Unternehmer, wirst du einen deutlich einfacheren Einstieg ins Network-Marketing haben als jemand, der aus einem Angestelltenverhältnis kommt, etwas völlig anderes gelernt hat und Quereinsteiger in der Branche ist. Das ist völlig logisch und natürlich, denn wenn jemand zum ersten Mal ein Business startet oder sich beruflich umorientiert, muss er viele Fähigkeiten und Kenntnisse erst erwerben, um erfolgreich zu sein.

Doch woher rührt nun der schlechte Ruf des Network-Marketings? Dazu gibt es eine Anekdote von Henry Ford, der den Autobau revolutionierte. Er sagte einmal: „Wenn ich die Menschen gefragt hätte, was sie wollen, hätten sie gesagt schnellere Pferde. Ich habe ihnen Autos gebaut!" Das heißt, die Vorstellungskraft der Menschen reichte damals noch gar nicht weit genug, um sich ausmalen zu können, dass wir alle irgendwann nur noch mit Autos fahren würden. Heutzutage hingegen kann sich niemand mehr vorstellen, mit einem Pferd von A nach B zu reisen. Wenn heute jemand sagen würde, er fahre von Berlin nach Hamburg mit der Kutsche, würden ihn alle total verwirrt anschauen. Damals hingegen wurde man total verwirrt angeschaut, wenn man gesagt hat, dass man die Strecke in zehn Prozent der Zeit mit dem Auto zurücklegen werde. Weil Autos noch gänzlich unbekannt waren.

Das zeigt, dass alle Neuheiten erst mal Gegenwind bekommen, weil sie bekannte Strukturen verändern. Dass sie damit zahllose Vorteile erzeugen, ist den meisten zu Beginn nicht klar. Gleiches gilt beispielsweise für die Computer. Anfangs waren PCs ausschließlich für militärische Einsatzzwecke entwickelt worden und nur reiche Menschen konnten sich einen Computer leisten. Heute besitzt jeder Deutsche im Schnitt 1,2 PCs. Es gibt bei uns also mehr PCs als Menschen. Es ist folglich nicht dabei geblieben, dass Computer nur beim Militär eingesetzt werden oder nur für Reiche erschwinglich sind. Aber das konnte sich zu Beginn niemand vorstellen. Momentan ist das autonome Fahren ein gutes Beispiel für Vorurteile. Früher hat niemand daran geglaubt, dass es überhaupt möglich sein würde, aber auch heute noch stehen die meisten von uns dieser Technologie sehr kritisch gegenüber und bezweifeln, dass Fahren ohne menschliches Zutun funktionieren kann. Selbst die Elektroautos haben nach wie vor einen schweren Stand. Alle beschweren sich über die zu geringen Akkukapazitäten, lange Ladezeiten und fehlende Lademöglichkeiten. Und viele sind sogar der Meinung, dass Fahren mit Strom der Umwelt mehr schade als nütze. (Fast) immer, wenn etwas Neues lanciert wird, stößt es erst einmal auf Ablehnung.

Ein weiteres Beispiel sind Social Media. Unzählige Menschen waren anfangs der Meinung, dass sich

Facebook und später auch Instagram niemals durchsetzen werden. Diese Plattformen seien ein Medium, das nur Jugendliche nutzen würden. Heute haben die größten Konzerne Deutschlands Social-Media-Profile und nutzen die Netzwerke für ihre Werbung. Inzwischen sind Social Media eine riesige Bedrohung für jede Zeitung und jeden Fernsehsender.

Aktueller denn je ist auch die Gefährdung von Arbeitsplätzen und ganzen Unternehmen durch digitale beziehungsweise künstliche Intelligenz. Hinzu kommt die derzeitige Rezession. In Zukunft werden deshalb völlig neue Geschäfts- und Verdienstmodelle gefragt sein. Umzudenken und neue Ideen zuzulassen ist daher ein Muss im 21. Jahrhundert. Sichere Arbeitsplätze sind nur noch eine Illusion. Viele Menschen haben darum bereits erkannt, dass die Lösung der Beschäftigungsengpässe unserer Zeit in Eigenverantwortung und Selbständigkeit liegt. Network-Marketing ist folglich die ideale Lösung dieser Probleme.

Der Zug ist also schon längst losgefahren, auch wenn viele Menschen noch in alten Strukturen verharren. Die Frage ist nur noch, wer wie damals Henry Ford jetzt die Zeichen der Zeit erkennt und mutig genug ist, das Risiko von Veränderungen mitzutragen.

Wir sind davon überzeugt, dass in Zukunft nur noch diejenigen viel Geld verdienen und Lebensqualität genießen werden, die sich schnell genug an Veränderungen in der Wirtschafts-, Bildungs- und Geschäftswelt anpassen können.

Bist du mutig genug dafür?

Bist du bereit für Veränderungen?

Bist du bereit, ein wenig Risiko einzugehen, um in Zukunft selbstbestimmt zu arbeiten, leistungsgerecht bezahlt zu werden und mehr Lebensqualität zu haben?

Der Weg nach oben – die vier Phasen zum Erfolg

Der Weg nach oben ist also mit einigen Hindernissen gespickt. Doch die wenigsten Wege führen geradewegs nach oben. Auf dem Weg zum Erfolg musst du die vier Phasen durchlaufen, die jeder Unternehmer meistern muss. Die erste Phase besteht aus Ablehnung und Ablenkung. Denn die ersten 200 Personen, die du kontaktierst, werden sofort sagen, dass Network-Marketing nichts für sie sei. Ablehnung begleitet einen Unternehmer allerdings sein ganzes Leben lang. Und erst durch Ablehnung wirst du zu dem Menschen, der du später sein wirst. Deine Persönlichkeit wird sich dadurch weiterentwickeln und du wirst gestärkt daraus hervorgehen. Es ist also geradezu wichtig und notwendig, ein paar Neins zu kassieren. Das beginnt schon in der Kindheit. Kinder laufen geradezu zu Hochform auf, wenn es um Erfindergeist, Motivation und Einsatz geht. Doch für viele ihrer ambitionierten Ideen ernten sie ein Nein von ihren Eltern. Dann kämpfen sie mit vollem Einsatz für ihre Träume und Sehnsüchte. Zwanzig Jahre später als Erwachsene ergeben sich die meisten hingegen ihrem Schicksal – sie werden zum Opfer äußerer Umstände oder ihres Umfelds. Statt wie in der Kindheit für ein besseres Leben zu kämpfen, geben sie sich zufrieden.

Sie versuchen überdies, es jedem recht zu machen, und resignieren dann schon bei kleinsten Widerständen. Jedes Nein wird zu vermeiden versucht.

Und genau aus diesem Grund sind die meisten lieber Arbeitnehmer als Arbeitgeber. Sie sind lieber Arbeitnehmer als Selbstständige oder Unternehmer. Stell dich deshalb darauf ein, dass du zunächst viel Ablehnung erfahren wirst. Die Ablenkung wiederum rührt daher, dass die Menschen in deinem engsten Umfeld wollen werden, dass du so bleibst, wie du bist. Sie werden dich daher von deinen Plänen ablenken und versuchen, dir Alternativen vorzuschlagen. Sie werden dir empfehlen, lieber auf den Weihnachtsmarkt zu gehen, anstatt Leute anzurufen, oder lieber in den Urlaub zu fahren, anstatt zu telefonieren. Sie werden versuchen, dich daran zu hindern, fünf Jahre Gas zu geben, um danach 50 Jahre Spaß zu haben.

In der zweiten Phase wirst du zur Lachnummer gemacht. Die Leute in deinem Umfeld werden darüber lachen, was du tust. Sie werden dich verspotten, auslachen, gehässig sein. Sie werden dir sagen, dass das, was du planst, niemals funktionieren wird und gar nicht funktionieren kann. Sie werden dem, was du machst, gar keine Chance geben. Auch durch diese Phase musst du durch. Warum wohl verdienen nur ein paar Prozent derjenigen, die in der Wirtschaft tätig sind, über 100.000 oder 200.000 Euro im Jahr.

Weil alle anderen, die es probiert haben, diese ersten beiden Phasen nicht durchgehalten haben. Weil sie beim kleinsten Widerstand aufgegeben und nicht weitergemacht haben. Weil ihnen die soziale Akzeptanz ihres Umfeldes wichtiger war als ihr eigenes Leben und ihr persönlicher Erfolg. Statt in einer dieser beiden Phasen direkt wieder aufzugeben, solltest du dich stattdessen lieber fragen, wen du in deinem Umfeld behalten möchtest und von wem du dich trennen kannst. Denn all diejenigen, die mit Ablehnung reagieren oder dich auslachen, haben schlicht nicht die gleichen Ziele, Träume und Visionen wie du. Deine persönlichen Ziele sind einfach größer als die der anderen. Aber du bist auch bereit, dafür etwas zu tun. Respektiere nichtsdestotrotz die Ziele der anderen, denn jeder darf leben, wie er will. Es ist in Ordnung, von einer Wohnung mit großem Balkon und einer Familie mit zwei Kindern und Hund zu träumen. Es ist völlig in Ordnung, ein durchschnittliches Leben zu führen, wenn man es sich wünscht.

Wenn du dir aber ein überdurchschnittliches Leben wünschst, ein überdurchschnittliches Auto, ein überdurchschnittliches Haus und einen überdurchschnittlichen Urlaub, dann darfst du dich nicht mit durchschnittlichen Menschen umgeben. Das funktioniert nicht. Denn es widerspricht dem physikalischen Gesetz von Ursache und Wirkung.

Wenn du also eine gesunde Firma führen möchtest, dann funktioniert das nicht mit Mitarbeitern, die morgens zur Arbeit fahren und einfach nur schnellstmöglich ihre Aufgaben erledigen wollen, weil sie eigentlich keine Lust darauf haben. Sondern es klappt nur mit Leuten, die schon um sechs Uhr in der Früh auf Arbeit kommen, weil sie etwas bewegen und mit dir zusammen die Welt verändern wollen. Du brauchst Querdenker, die ein bisschen verrückt sind und sich trauen, Dinge anders zu machen, als man es gewohnt ist. Diese beiden Phasen werden daher die härtesten in deiner gesamten Karriere.

Und sie münden direkt in Phase drei, den Kampf. In dieser Phase wollen andere kaputt machen, was du geschafft hast. Du verdienst in dieser Phase vielleicht bereits ein paar tausend Euro im Monat oder sogar ein bisschen mehr. Das zieht den Neid anderer an und gegen diesen musst du ankämpfen. Die Leute sind nun neidisch auf das, was du erreicht hast. Und sie ärgern sich, dass sie es nicht auch gemacht haben. Sie wollen nicht, dass du mehr Erfolg hast als sie und dass es dir besser geht als ihnen. Dass sie dir das Erreichte nun kaputt machen wollen und du Angriffen ausgesetzt bist, geht jedem Unternehmer so. Die Menschen in deinem Umfeld wollen nicht, dass du etwas gewagt hast, wozu sie nicht den Mut hatten, und dass du nun erfolgreich damit bist. Die Menschen verhalten sich dir gegenüber plötzlich anders, sobald du ein bisschen Erfolg hast.

Denn Menschen mögen dich zwar nicht, wenn du keinen Erfolg hast, aber sie mögen dich auch nicht, wenn du viel Erfolg hast. Die traurige Wahrheit ist, dass sie dich nur dann mögen, wenn du durchschnittlich bist. Doch wie ein Sprichwort treffend sagt: Wer mit der Masse geht, wird mit der Masse untergehen.

Deswegen solltest du derjenige sein, der aus der Masse heraussticht. Du musst es schließlich nur einem einzigen Menschen auf der Welt recht machen und das bist du selber. Erinnere dich in jedem Augenblick, mit jedem Augenblinzeln, in jeder Sekunde, jeder Minute, jeder Stunde daran, dass derjenige, der dir morgens aus dem Spiegel entgegenblickt, und derjenige, der am Abend mit dir ins Bett geht, derjenige, der mit dir isst, schläft, zur Toilette geht, Fernsehen schaut und im Auto sitzt, der einzige ist, dem du es recht machen musst. Und das ist niemand Geringeres als du selbst. Deswegen werde zu der Person, vor der du am meisten Respekt haben solltest. Werde zu der Person, mit der du am liebsten Zeit verbringen möchtest. Werde zu der Person, mit der du die nächsten Jahrzehnte zusammenleben willst. Dann hast du das beste Leben vor dir. Denn es gibt einen, der dich nie verlässt, ganz egal, wie schlecht oder wie gut es läuft. Es gibt einen, der ist immer bei dir, ganz egal, ob du gerade ein Tief durchläufst oder einen Höhenflug hast. Er wird dich niemals verlassen. Und das bist du selbst.

Deswegen verlass dich gerade in dieser Phase des Kampfes auf niemand anderen als auf dich selbst.

Die vierte Phase schließlich ist die des Respekts und der Anerkennung. Das hat wohl jeder schon einmal erlebt: Zuerst fragen dich die anderen, warum du etwas machst, und später fragen sie dich, wie du das gemacht hast. Wenn du also die ersten drei Phasen der Ablehnung, des Auslachens und des Kampfes überstanden und gemeistert hast, kommt nun die Phase von Respekt und Anerkennung. Die Leute fragen dich auf einmal, wie du dieses Traumleben erreicht hast. Sie wollen wissen, wie du alles durchgestanden hast und wie deine Anfänge waren. Und auf einmal werden sie sagen, dass doch alles bestimmt gar nicht so schlimm war. Plötzlich werden sie denken, dass bei dir alles schon immer so war. Die Menschen um dich herum werden auf einmal sagen, dass du mit dem sprichwörtlichen goldenen Löffel im Mund geboren wurdest und bei dir schon immer alles funktioniert hat. Sie werden meinen, dass es bei dir einfach klappen musste, und haben angeblich schon immer gewusst, dass du erfolgreich sein würdest. Du selber weißt jedoch, welchen Weg du gegangen bist und was du auf dich genommen hast. Du bist dadurch zu einer vollkommen anderen Person geworden. Du bist zu einer stählernen Persönlichkeit gewachsen, die mit sich selbst im Reinen ist. Du hast dir ein Leben aufgebaut, mit dem du rundum zufrieden bist.

Denn wenn du im Network-Marketing erfolgreich bist, hast du ein Team um dich herum, das dich schätzt und als Vorbild ansieht. Schon wenn du nur drei bis fünf wahre Freunde mit den gleichen Zielen und Werten und der gleichen Mission, wie du sie hast, findest, hat sich deine Reise zu 100 Prozent gelohnt. Du bist dann eine Person, die andere um Rat fragen, wenn sie sich ein ähnliches Leben wünschen. Du bist zu einer Person geworden, die Respekt und Anerkennung von allen Seiten erntet.

All das solltest du dir immer vor Augen halten. Denn die ersten drei Phasen dauern zwei bis fünf Jahre. Die letzte Phase mit Respekt und Anerkennung hingegen hält für den Rest deines Lebens an. Wenn du bis dahin durchhältst, hast du also noch 10, 20, 30, 50 oder sogar 80 Jahre in dieser Phase vor dir – je nachdem wie früh du angefangen hast und wie lange du noch leben wirst. Und das ist die gesamte Reise doch absolut wert.

Wenn du es schaffst, im Network-Marketing erfolgreich zu sein, bist du definitiv ein anderer Mensch als vorher.

Der Start in dein neues Leben

Du bist nun am Ende dieses Buches angekommen und hast unsere Tipps für einen erfolgreichen Start ins Network-Marketing mit auf den Weg bekommen. Nun liegt es an dir, loszulegen und den Schritt in dein neues Leben zu wagen. Unser Ziel beim Schreiben dieses E-Books war, unseren Lesern Mut zu machen, den Weg in die Selbstständigkeit und ins Network-Marketing zu wagen. Wir hoffen, wir können dich mit unseren Erläuterungen bei diesem großen Schritt unterstützen. Solltest du dabei noch weitere Hilfe, Tipps oder Ratschläge benötigen, möchten wir dich dazu einladen, an unserem für die Leser dieses Buches absolut kostenlosen Onlinetraining teilzunehmen. Klicke einfach auf folgenden Link und melde dich noch heute an:
https://www.dominik-fuertbauer.com/deine-einladung-zum-webinar

SCAN ME

Auch wir waren anfangs skeptisch gegenüber dieser neuartigen Businessform und hatten Vorbehalte gegenüber dem Network-Marketing. Nichtsdestotrotz haben wir den Schritt gewagt. Und der Erfolg gibt uns recht. Daher zögere auch du nicht länger und starte in dein neues Leben voller Freiheit, beruflicher Selbstbestimmung und finanzieller Unbesorgtheit. Vergiss aber nicht – um deine Ziele zu erreichen, benötigst du zunächst Geduld, Durchhaltevermögen und Disziplin.

Bleib am Ball und gib nicht auf – auch wenn andere dir einreden wollen, du seist auf dem falschen Weg. Verlier deine Träume nicht aus den Augen, dann wirst du sie auch verwirklichen. Wir wünschen dir viel Erfolg!

Wer wir sind – die Autoren stellen sich vor

Du hast einen intensiven, vielschichtigen und hoffentlich informativen Einblick in die Geheimnisse und Hintergründe des Network-Marketing bekommen. Wir hoffen, dass all das dich motiviert hat, nun selbst loszulegen und dein Business zu starten. Um dich noch ein wenig mehr anzuspornen, erzählen wir dir zum Abschluss unsere eigenen Geschichten – wie wir wurden, was wir sind. Du wirst sehen, auch wir sind ganz normale Menschen und haben uns hochgearbeitet. Auch uns wurde der Erfolg nicht in die Wiege gelegt. Unser heutiges Leben ist das Ergebnis von Durchhaltevermögen, Disziplin, Ehrgeiz und nicht zuletzt harter Arbeit. Und genau wie wir kannst auch du es schaffen!

Dominik Fürtbauer

Im Alter von 18 Jahren habe ich mein erstes Unternehmen gegründet, eine Werbeagentur. Bereits drei Jahre später habe ich über 50 Mitarbeiter beschäftigt. Ich begann damit, andere Start-ups zu gründen. Im Zuge dessen habe ich mehrere Firmen in Rekordzeit als Marktführer etabliert. Außerdem wollte ich meine Erfahrungen mit anderen teilen und begann, sie in Büchern festzuhalten, was mich zum Bestsellerautor machte.

Das wiederum machte mich zu einem weltweit gefragten Redner und Berater internationaler namhafter Großkonzerne. Meine Expertise lag dabei im Online-Marketing und ich habe Strategien für automatisierte Prozesse in der Kundengewinnung vermittelt, die meinen Klienten einen enormen Wettbewerbsvorsprung bescherten.

Ich habe in dieser Zeit sehr viel Geld verdient, doch proportional zu diesem Erfolg wuchsen auch meine Probleme. Denn um mein Unternehmen wachsen zu lassen, musste ich immer mehr Mitarbeiter einstellen, was zu steigender Verantwortung und höheren Fixkosten auf der einen Seite und immer weniger Zeit auf der anderen Seite führte. Dadurch stiegen zwar meine Umsätze und ebenso mein Einkommen. Aber das, was eigentlich wichtig ist im Leben, nämlich Zeit fürs Privatleben, Familie und Freunde sowie meine Gesundheit, blieben auf der Strecke. Ich habe nur noch zwei Stunden pro Nacht geschlafen.

All das führte dazu, dass ich mit einem Nervenzusammenbruch in eine Klinik eingeliefert wurde und sieben Monate im Wachkoma lag. Dieser schwere, gesundheitliche Zusammenbruch hatte einen längeren, unternehmerischen Totalausfall zur Folge. An dieser Stelle hatte ich nur noch ein einziges Ziel: gesund zu werden sowie Zeit und Lebensqualität zurückzugewinnen.

All die Dinge, die während meines Sprints auf der Karriereleiter auf der Strecke geblieben waren, weil sie mir nichts wert gewesen waren, bekamen plötzlich einen ganz neuen Stellenwert und wurden relevanter als alles andere. All das Geld, das ich verdient hatte, brachte mir weder Zeit noch Gesundheit.

Daher wurde mir klar, dass ich niemals wieder für materiellen und wirtschaftlichen Erfolg Zeit, Lebensqualität und Gesundheit opfern durfte. Aus diesem Grund suchte ich nach einer Möglichkeit, meine Expertise, meine Zeit und mein Geld so zu kombinieren und zu investieren, dass weder Lebensqualität noch Gesundheit und Selbstbestimmung litten. Ich wollte nicht länger Geld gegen Zeit eintauschen. Daher entschied ich mich trotz Skepsis und Vorurteilen, fortan im Network-Marketing tätig zu sein. Zusammen mit meinem Team habe ich es mir zur Aufgabe gemacht, professionelles Network-Marketing für Top-Unternehmer, Verkäufer, Führungskräfte und leitende Angestellte zu etablieren, die ebenfalls auf der Suche nach mehr Zeit, Geld und Lebensqualität sind. Dafür habe ich einen Podcast gestartet, der unter dem Titel „Der Network-Marketing-Podcast" die deutschsprachigen Charts stürmte und in mehreren Kategorien Platz 1 erreichte. Mit diesem Podcast sowie zahlreichen Auftritten in verschiedenen TV-Sendungen inspiriere ich nun täglich eine Vielzahl von Menschen.

Jim Menter

Nachdem ich im Alter von 18 Jahren die Schule beendet hatte, begann ich ein Studium im International Management in München. Da die Lebenshaltungskosten in der bayerischen Hauptstadt sehr hoch sind, suchte ich nach Möglichkeiten, nebenberuflich mindestens 1500 Euro pro Monat zu verdienen. Ein dazu passendes Geschäftsmodell ist gar nicht so leicht zu finden. Die klassischen Studentenjobs, wie Kellnern oder eine Anstellung als Werkstudent, fielen raus, da man in diesen Bereichen zu viele Stunden pro Woche arbeiten muss, um auf den von mir gewünschten Lohn zu kommen. Daher habe ich mir zunächst die Versicherungsbranche angeschaut. Doch ich kam mit den Personen, die in diesem Bereich arbeiten, nicht gut zurecht. Es passte menschlich einfach nicht. Über mein Interesse für den Fitnesssektor entdeckte ich die Möglichkeiten des Network-Marketings in der Gesundheitsbranche. Inzwischen bin ich 24 Jahre alt und habe vor fünfeinhalb Jahren mein eigenes Network-Marketing-Unternehmen gegründet. Mittlerweile umfasst mein Team über 2.500 Partner und generiert über eine halbe Million Euro Umsatz pro Monat. Ich kann diesen Erfolg manchmal selbst kaum glauben.

Impressum

1. Auflage 2020

Kontakt:

Dominik Fürtbauer
Schulstraße 2
86931 Prittriching

Webseite: www.dominik-fuertbauer.com
E-Mail: df@dominik-fuertbauer.com

Printed in Germany
by Amazon Distribution
GmbH, Leipzig

22658041R00082